Wenn ich dir begegnet wäre …

WOLFGANG BÖLLMANN

# Wenn ich dir begegnet wäre ...
## Dietrich Bonhoeffer und Jochen Klepper im Gespräch

Mit einem Geleitwort von Heinrich Bedford-Strohm

EVANGELISCHE VERLAGSANSTALT
Leipzig

Wolfgang Böllmann, Jahrgang 1945, Pfarrer i. R., hat dank seiner frühen Beziehung zu Kirche und Glaube eine kritische Distanz zur einseitigen Beeinflussung durch das ostdeutsche Erziehungsideal entwickeln können. Da ihm aus politischen Gründen eine zum Abitur führende Schulbildung oder gar ein Studium versagt bleiben sollten, bewarb er sich nach einer Handwerkerlehre am evangelischen theologischen Seminar Leipzig und war nach siebenjähriger Ausbildung seit 1975 Pfarrer in Sachsen, zunächst auf dem Land und später in Leipzig.

Bibliographische Information der Deutschen Nationalbibliothek
Die Deutsche Nationalbibliothek verzeichnet diese Publikation in der Deutschen Nationalbibliographie; detaillierte bibliographische Daten sind im Internet über http://dnb.dnb.de abrufbar.

© 2024 by Evangelische Verlagsanstalt GmbH · Leipzig
Printed in Germany

Das Werk einschließlich aller seiner Teile ist urheberrechtlich geschützt. Jede Verwertung außerhalb der Grenzen des Urheberrechtsgesetzes ist ohne Zustimmung des Verlags unzulässig und strafbar. Das gilt insbesondere für Vervielfältigungen, Übersetzungen, Mikroverfilmungen und die Einspeicherung und Verarbeitung in elektronischen Systemen.

Das Buch wurde auf alterungsbeständigem Papier gedruckt.

Gesamtgestaltung: Mario Moths, Marl
Coverfotos: Dietrich Bonhoeffer (© bpk / Rotraut Forberg),
Jochen Klepper (© epd-bild / akg-images)
Druck und Binden: CPI books GmbH

ISBN 978-3-374-07618-5 // eISBN (PDF) 978-3-374-07619-2
www.eva-leipzig.de

## INHALT

7 Geleitwort

11 Berliner Funkstunde, 1. Februar 1933

20 Nachfolge, 1936

36 Adventsbesuch, 7. Dezember 1937

57 Credo-Sätze, Juni 1942

75 Der Herr ist unablässig nah,
12. Dezember 1942

89 Der Tod des Mose, September 1944

103 Nachwort

108 Lebensläufe

112 Synopse

154 Verwendete Literatur

# Geleitwort

„Wenn ich Dir begegnet wäre…" – das „wenn" im Titel dieses Buches deutet es schon an: Im realen Leben sind sich Dietrich Bonhoeffer und Jochen Klepper nie begegnet, obwohl das möglich gewesen wäre. Dass Wolfgang Böllmann die beiden trotzdem in ein – nun eben fiktives – Gespräch bringt, hat gute Gründe: Beide haben auf je unterschiedliche Weise versucht, der nationalsozialistischen Gewaltherrschaft das christliche Zeugnis entgegenzusetzen. Beide haben dabei ihr Leben verloren, der eine durch Selbsttötung in aussichtsloser Lage, der andere durch Vollzug des Todesurteils durch einen nationalsozialistischen Schnellrichter.

Aber noch etwas verbindet die beiden: Sie haben jenseits ihres irdischen Lebens viele Menschen inspiriert, aufgerichtet und getröstet. Jochen Klepper berührt bis heute viele mit seinen eindringlichen Liedern. „Die Nacht ist vorgedrungen" gehört zu den Adventsliedern im Gesangbuch, die das kommende Licht angesichts der Dunkelheit besonders tief spüren lassen. „Der Du die Zeit in Händen hast" steht unter den Liedern zur Jahreswende im Evangelischen Gesangbuch (EG 64) direkt vor dem berühmten Lied Dietrich Bonhoeffers „Von guten Mächten treu und still umgeben" (EG 65). Bonhoeffer ist nicht nur einer der meistgelesenen deutschen Theologen weltweit, er hat auch durch seine Lieder und poetischen Texte wie Klepper eine bleibende Wirkung.

So verdankt sich die Idee, die beiden in ein direktes Gespräch zu bringen, vielen guten Gründen. Und doch ist sie kühn. Denn groß ist die Gefahr, der Fantasie ungebremsten Lauf zu lassen und in die beiden alle möglichen Worte und Gedanken hineinzuinterpretieren, die viel mehr dem Autor des fiktiven Gesprächs entstammen als dem, was den beiden Protagonisten selbst wichtig war. Dieser Gefahr ist Wolfgang Böllmann glücklicherweise nicht erlegen. Man erkennt in den Dialogen zentrale Motive des Denkens der beiden wieder, leicht zugänglich gemacht durch ausgedachte Wortwechsel, die aber erkennbar verwurzelt sind in historisch belegbaren Gedanken und niedergeschriebenen Worten. Dabei ist es hilfreich, dass im letzten Teil des Buches eine Zeittafel zu finden ist, in der jeweils kurze Lebensläufe der beiden und dann eine Synopse ihres Ergehens dargestellt werden, so dass die Überschneidungen deutlich werden.

Der Dialog macht deutlich, dass Theologie nichts Abstraktes ist, sondern immer auch die je eigenen persönlichen Erfahrungen und ihre Verarbeitung im Lichte des christlichen Glaubens als Hintergrund hat. Wie kann Theologie sich in der je eigenen Spiritualität und Welterfahrung verwurzeln? Das ist eine Frage, die viele bewegt, die nach einer vertieften und verantworteten Spiritualität – ich verwende gerne auch das alte Wort „Frömmigkeit" – suchen. Dieses Buch und die darin lautwerdenden

Stimmen von zwei bleibend inspirierenden christlichen Persönlichkeiten wird wichtige Hinweise für die je eigene Antwort geben. In einer Zeit, in der viele Menschen nach Quellen der Kraft und Orientierung suchen, ist das nötiger denn je. Mögen sie Inspiration dafür in diesem Buch finden.

*Heinrich Bedford-Strohm*
Vorsitzender des Weltkirchenrats

# Berliner Funkstunde,
# 1. Februar 1933

Eine eigentümliche Atmosphäre hatte sich über die Stadt gelegt. Als Jochen Klepper das Funkhaus betrat, das ihm in den letzten drei Monaten seiner Anstellung durch Dr. Braun immer vertrauter geworden war, konnte er es auch hier spüren. In kleinen Gruppen standen Redakteure, Verwaltungsleute, Sekretärinnen und Techniker zusammen. Wenn sie auch manche Utensilien ihrer jeweiligen Zunft zufällig in den Händen trugen, unterhielten sie sich zwei Tage nach Hitlers Ernennung zum Reichskanzler wohl kaum über technische Probleme neuer Senderöhren oder die Qualität der Farbbänder ihrer Schreibmaschinen. Änderungen im Programm des Senders aus aktuellem Anlass allerdings schienen die Redakteure schon jetzt in Gewinner und Verlierer zu teilen. Dies hätte Klepper im Vorübereilen an ihren Gesten erahnen können, mit denen sie ihr Gefecht um freie Sendeminuten austrugen. Aber weil er, wie fast immer, etwas in Zeitverzug war, ließ er sich davon nicht weiter beeindrucken. Als er schließlich die Redaktionsstube erreichte, hörte er gerade noch die witzig gemeinte Bemerkung des alten Laufboten. Dieser war mit dem Aufstapeln verschiedener Ordner beschäftigt und fragte die Sekretärin beiläufig, ob sie am Morgen noch die Maler getroffen hätte, die über Nacht im Haus gewesen seien. Auf ihre erstaunte Frage, wie er darauf käme, wies er verschmitzt auf die weiße Zimmerwand und meinte: »Sehen Sie nicht die schöne braune Farbe im ganzen Haus?«

Die Sekretärin räusperte sich geräuschvoll und der Bote verließ mit einem Stapel Papier, sich scheu umblickend, den Raum, während Jochen Klepper, vom Gespräch scheinbar unbeeindruckt, Hut und Mantel betont sorgfältig an Hutablage und Haken unterbrachte. Er ging auf die Sekretärin zu und begrüßte sie mit Handschlag. Danach nahm er ihr gegenüber am Schreibtisch Platz und ließ sich das Manuskript seines nächsten Beitrages für die Funkstunde reichen, um ihm den letzten Schliff zu geben. Aber nun konnte er nicht mehr verhindern, dass ihn die von den politischen Ereignissen aufgewühlten Gedanken überfielen. Würde seine Sendung jetzt erst recht von den Kritikern zerfetzt werden? Wieso schwiegen die Hörer, bei denen er beliebt war? Gespräche außerhalb des Hauses bestätigten ihm, dass seine Beiträge gern eingeschaltet wurden. Aber wer griff deswegen gleich zur Feder und teilte das dem Sender mit? Noch bevor er überhaupt einer Korrektur fähig war, wandte sich die Sekretärin mit der Ermahnung an ihn, dass er sich diesmal rechtzeitig mit der Aufnahmeleitung in Verbindung setzen möge, am besten gleich jetzt. Klepper bedankte sich artig. Genau hier lag eine seiner Schwachstellen. Damit die einzelnen Programmfolgen pünktlich nach dem festgelegten Zeitplan ausgestrahlt werden konnten, mussten die Autoren oder

Sprecher die gewünschten Schallplatteneinspielungen etwas vorher veranlassen und sich natürlich selbst pünktlich vor dem Mikrofon einfinden.

Obwohl bis zur Sendung noch einige Stunden Zeit blieben, nahm Klepper das Manuskript gleich mit und begab sich unverzüglich zu den Aufnahmeräumen. Schnell wurde er mit dem Techniker, der lässig die Muschel des Kopfhörers von dem einen Ohr nahm und mit dem anderen die laufende Aufnahme weiterverfolgte, über die offenen Fragen einig und wollte den Raum, der durch eine fenstergroße Glasscheibe mit dem Sprecherraum verbunden war, wieder verlassen. Da fiel sein Blick auf den Sprecher, der auf der anderen Seite vor dem aufgehängten Mikrofon stand. Dessen engagierte Stimme, die aus dem kleinen Studiolautsprecher drang, begann ihn zu fesseln und an den Einzelheiten des Vortrags zu interessieren. Als er von dem Techniker mit einem Wink hinüber Thema und Sprechernamen des laufenden Beitrages erfuhr, stutzte er. Der aus kirchlichen Kreisen bekannte junge Privatdozent Dr. Bonhoeffer referiere über das Thema »Wandlungen des Führerbegriffes in der jungen Generation«, hatte dieser erklärt.

Das also war Dietrich Bonhoeffer persönlich! Klepper hatte über dessen glänzende Laufbahn schon viel gehört, so dass er sehr gespannt hinüberblickte und genauer zuhörte. Aus Bonhoeffers Vortrag entnahm er, wie in der Jugendbewegung immer mehr der Wunsch aufgekommen sei, einem aus der Gruppe die Führung zu übertragen. Nicht der Autorität der Erwachsenen, der Eltern oder Lehrer in ihrem von vornherein und ohne ihr Zutun verliehenen Amt wollten sie folgen, sondern einem aus ihrer Mitte.

Damit gaben sie ein Stück von sich, das sie offenbar selbst noch nicht ausfüllen konnten. Aber Bonhoeffer bezeichnete es als Gefahr, dass sich ein so beauftragter Führer leicht zum Idol machen lasse und damit zum Verführer werde. Den Reiz, zum Abgott zu werden, müsse sich ein Führer versagen, so wichtig seine Rolle für die Gemeinschaft auch bleibe.

Als er soweit gekommen war, geschah etwas Merkwürdiges. Zwei Herren betraten den sonst für Besucher unzugänglichen Raum, einer davon in brauner Uniform. Sie befahlen dem Techniker in barschem und gereiztem Ton, den Sprecher mit einer Musikeinblendung sofort aus dem Programm zu nehmen. In dem Zivilisten erkannte Klepper einen der Chefs des Senders. Der Techniker unter seinen Kopfhörern wusste zuerst nicht, wie ihm geschah.

Gerade noch konnte Dietrich Bonhoeffer über den Führer prinzipiell sagen: »Er dient der Ordnung des Staates, der Gemeinschaft, und sein Dienst kann von unvergleichlichem Wert, ja er kann unentbehrlich sein.« Dann sah Klepper, wie sich eine Schallplatte drehte, und hörte einen Marsch ertönen. Der Sprecher im Aufnahmeraum aber sprach seinen Beitrag konzentriert zu Ende, ohne etwas von dem ganzen Vorgang zu ahnen. Dann blickte er auf und schien sich über die Ansammlung der Leute in dem kleinen Raum hinter der Glasscheibe zu wundern. Er griff nach seinen Manuskriptseiten, schritt zur Tür und betrat kurz darauf den über den Gang erreichbaren, auf der anderen Seite der Scheibe gelegenen Technikraum.

Unschlüssig schaute er von einer der versammelten Personen zur anderen. Der Techniker machte sich eifrig an den zahlreichen Schaltern und Reglern zu schaffen, an denen rote und grüne Lämpchen aufleuchteten oder erloschen. Der Radiochef begrüßte Bonhoeffer, dankte ihm kurz mit Handschlag für seinen zeitgemäßen Beitrag und verließ auffällig schnell, von dem Uniformierten gefolgt, den Ort des Geschehens.

Jochen Klepper fühlte sich als Zeuge eines Vorfalls, dessen beispiellose Unanständigkeit und Willkür er erst allmählich zu begreifen begann. Man hatte Dietrich Bonhoeffer das Wort abgeschnitten. Das Erlebnis brachte ihn innerlich auf. Er versuchte aber, es sich nicht anmerken zu lassen. Einen Augenblick zögerte er und trat dann auf den noch immer unschlüssigen Bonhoeffer zu. Er gab sich als Mitarbeiter des Senders zu erkennen und nannte seinen Namen. Als Bonhoeffer den vertrauten schlesischen Tonfall seiner Worte hörte, schaute er ihn interessiert, aber überrascht an. Der Techniker gab den beiden mit einer Handbewegung zu verstehen, dass sie hier störten und den Raum verlassen sollten. »Kommen Sie«, sagte Klepper und schob Bonhoeffer mit einer Hand leicht, aber bestimmt zur Tür hinaus.

Sie gingen einige Schritte den Gang entlang bis hinter das beleuchtete Schild mit der Aufschrift: »Achtung Aufnahme, bitte nicht stören!« Nicht weit davon stand ein Tischchen mit drei kleinen Sesseln. »Darf ich Sie bitten, einen Augenblick Platz zu nehmen«, wandte sich Klepper mit einer Handbewegung an Bonhoeffer und ließ sich zugleich selbst auf einem der Sessel nieder. Klepper, dessen Stärke es nicht unbedingt war, von sich aus auf Menschen zuzugehen, fühlte sich von der grotesken Situation des Augenblicks und von dem fragenden Blick Bonhoeffers seltsam bedrängt. Wie konnte er die notwendigen Erklärungen geben, ohne alles komplizierter zu machen, als es ohnehin war?

»Zufällig war ich im Aufnahmeraum, als Sie vorhin ihren Vortrag hielten«, begann er. »Ich hatte einige Absprachen mit dem Techniker zu treffen. Als ich erfuhr, wer Sie sind, blieb ich länger als nötig und hörte Ihnen zu. Ich bin nämlich selbst Theologe, habe mich aber während meines Studiums in Breslau mehr zu Literatur und Journalistik hingezogen gefühlt. Der schlesische »Evangelische Presseverband« gab mir die Gelegenheit, mich in die Presse- und Rundfunkarbeit einzuarbeiten. Beim Rundfunk hier in Berlin bin ich erst den dritten Monat und bekomme nur ziemlich bescheidene Aufträge.«

Bonhoeffer schaute seinem Gegenüber interessiert in die Augen und hörte schweigend zu. Aber sein Blick schien umso mehr zu fragen, was der merkwürdige Abgang eben und die Selbstdarstellung Kleppers jetzt bedeuten sollten.

»Sie wundern sich«, fragte dieser darum direkt, »warum ich Ihnen das alles sage?« Er erblickte sein Spiegelbild in den Brillengläsern seines Gesprächspartners und verstummte, um ihm die Gelegenheit zu geben, auf seine Beobachtung zu reagieren.

»Wissen Sie«, ergriff nun Dietrich Bonhoeffer wirklich das Wort, »ich kann mich des Eindrucks nicht erwehren, dass mein Beitrag nach der politischen Änderung von vorgestern eine erstaunliche Aktualität bekommen hat. Ich wundere mich höchstens, dass ich mein Thema heute überhaupt loswerden durfte.«

»Sehen Sie«, nahm Klepper den Faden wieder auf, »genau hier hat sich offenbar ganz kurzfristig ein Problem ergeben. Ich nehme an, dass Sie es gar nicht bemerkt haben.

Man hat Sie nämlich nicht ausreden lassen. Die Herren, von denen Sie der eine zum Schluss kurz begrüßt hat, veranlassten den Techniker, Ihren Vortrag vorzeitig abzubrechen und Musik einzuspielen. Marschmusik übrigens.«

Bonhoeffers Blick veränderte sich nach dieser Mitteilung schlagartig. »Ich verstehe nicht ...«, rang er nach Worten und schaute Klepper ungläubig an.

»In Ihrem letzten Satz sagten Sie, wenn ich das einigermaßen erinnere, dass ein Führer der Ordnung des Staates diene und von unvergleichlichem Wert, ja unentbehrlich sei.«

Bonhoeffer war vor Erregung aufgesprungen. Auch Klepper erhob sich. »So ähnlich habe ich es wirklich ausgedrückt, um eine betont kritische theologische Begründung anzufügen. Aber die habe ich doch auch ausgesprochen.«

»Gesprochen haben Sie die wohl«, sagte Klepper, »nur gesendet wurde sie nicht.«

»Dann haben die Hörer meine Meinung gar nicht erfahren können, dass ein Führer nur vorübergehend dem Einzelnen Entscheidungen abnehmen darf? Seine eigentliche Aufgabe ist es, die, die sich ihm anvertrauen, zur eigenen Mündigkeit zu führen, damit sie in die Lage versetzt werden, selbst Verantwortung zu übernehmen. Darin hat ein Führer der Diener seiner Leute zu sein. Denn nicht der Führer ist die letzte Instanz, sondern Gott. Vor Gott ist jeder selbst verantwortlich, kein Führer kann sich auf sein Amt und kein Einzelner auf seinen Führer berufen. Führer, die sich selbst vergöttern, spotten Gott und müssen zerbrechen ...«

Bonhoeffer hatte sich in Rage geredet und beinahe wörtlich den Schlussteil seines Vortrages wiederholt. Klepper legte einen Finger an den Mund und zog den Erregten wieder auf seinen Platz. »Bitte sprechen Sie leiser«, mahnte er. »Diese Unterbrechung war kein Zufall. Was Sie mir da wiederholten, darf heute wohl kaum mehr so gesagt werden, seit vorgestern ist es zu gefährlich geworden.«

»So schnell gebe ich nicht auf«, entgegnete Bonhoeffer nach kurzem Nachdenken. »Wenn mich der Rundfunk nicht ausreden lässt, werde ich eine Zeitung suchen, die es druckt, und ich werde auch ein Publikum finden, das mir zuhört. Es ist die Überzeugung meines Glaubens, die ich den Menschen unseres Landes schuldig bin, gerade jetzt.«

»Was wollen Sie nun tun?«, fragte Klepper und fügte wie für sich hinzu: »Ihren Optimismus möchte ich haben. Was glauben Sie, was ich an Änderungen in meinen Beiträgen hinnehmen muss? Aber bei mir hat das einen familiären Grund. Meine Frau ist Jüdin.«

Bonhoeffer schaute bestürzt. »Das soll ein Grund sein? Wofür?«

»Ich bitte Sie,« sagte Klepper, »das kann Ihnen doch nicht verborgen geblieben sein.«

Dietrich Bonhoeffer schüttelte sprachlos den Kopf und schien noch immer bemüht, das eben Gehörte zu verarbeiten, das ihm nun wie ein schlechter Traum vorkam. »Das ist es ja beim Rundfunk«, brummte er, »man kann dem Gesagten nichts hinterherschicken. Wer meinen Vortrag gehört hat, wird ihn für eine Zustimmung zum neuen Reichskanzler, wenn nicht gar für eine Verherrlichung Hitlers halten. Wenigstens meinen Freunden werde ich schreiben, dass der Vortrag plötzlich an einer völlig ungeeigneten und zu Missdeutungen Anlass gebenden Stelle abgebrochen wurde, so dass die mir wesentlichen wenigen Schlusssätze, in denen die theologische Abgrenzung vollzogen werden sollte, ganz wegfielen und das Gesamtbild dadurch entstellt wurde. Ich werde auf die Veröffentlichung in der Zeitung hinweisen ... Ich brauche frische Luft«, stieß er atemlos hervor und nestelte an seiner Krawatte.

Klepper bot sich an, ihn nach draußen zu begleiten. Bonhoeffer holte Hut und Mantel und folgte ihm.

Auf dem Weg durch das Haus schwiegen sie. Aber beiden gingen währenddessen ganz eigene Gedanken durch den Kopf. Über das rein sachliche Geschehen hinaus begann ein Gefühl der Sympathie zu entstehen, wie eine Brücke zwischen dem kleinen Rundfunkmitarbeiter und dem stolzen Privatdozenten.

Vor dem Funkhaus angekommen, blieben sie wenige Schritte neben der Eingangstür stehen. Gern hätte sich Klepper von Dietrich Bonhoeffer mit ein paar tröstenden Worten verabschiedet. Die Suche danach war seinem Gesicht deutlich anzusehen. Als Bonhoeffer der veränderte Ausdruck an dem ihm bisher unbekannten Mann auffiel, bedankte er sich nachdrücklich für dessen Hilfe. »Ohne Sie«, sagte er, »ginge ich mit einer Illusion nach Hause. Sie haben mir zur Wirklichkeit verholfen. So wütend ich auch bin, ich möchte Ihnen danken. Vielleicht kann ich bei einer anderen Gelegenheit etwas für Sie tun, Herr Klepper.«

Er streckte Klepper freundschaftlich seine Hand entgegen. Nachdem dieser sie zum Abschied ergriffen hatte, zog Bonhoeffer seinen Hut und ging mit einem freundlichen Nicken davon.

# Nachfolge, 1936

Jochen Klepper hatte Dietrich Bonhoeffer nach dieser dramatischen Begegnung im Funkhaus schnell wieder aus den Augen verloren. Natürlich konnte er weder den Vorfall noch die damit in sein Leben getretene Person vergessen. Im Gegenteil, er hatte die Veröffentlichung in der Kreuzzeitung vom 25. Februar 1933 selbst nachgelesen und auch im März von Bonhoeffers öffentlichem Vortrag in der Deutschen Hochschule für Politik in Berlin gehört, wo er sogar noch viel ausführlicher geredet haben sollte. Aber Kleppers Aufmerksamkeit wurde in diesen Tagen von der politischen Entwicklung im Lande besonders beansprucht. Seine beruflichen Wirkungsmöglichkeiten hatten seit dem Machtantritt Hitlers galoppierend abgenommen. Selbst meinte er dazu: » ... mein Feld wird immer kleiner«. Bereits im Juni wurde ihm die Stellung beim Rundfunk wieder gekündigt. Als Ehemann einer jüdischen Frau war er auf einmal in einem öffentlichen Amt nicht mehr tragbar.

Aus demselben Grund hatte ihn im Herbst auch der Ullstein-Verlag entlassen. Sein erster Roman war gerade herausgekommen und schien ihm wenigstens seine schriftstellerischen Ambitionen samt der Hoffnung, damit die Seinen ernähren zu können, zu bestätigen. Nun war er also ganz darauf angewiesen, zu Hause zu arbeiten. Um ihm dies ungestörter zu ermöglichen, hatte seine Familie alle planerischen und finanziellen Probleme beherzt angepackt und sämtliche Unannehmlichkeiten auf sich genommen, die mit dem Bau eines eigenen Hauses verbunden waren. Ausschlaggebend dafür war außerdem, dass Klepper in all den bisherigen Jahren der Gedanke an »das Pfarrhaus« als Behausung für Menschen in der Geborgenheit Gottes immer anziehend gewesen war, obwohl er sich selbst nicht für den Pfarrberuf entschieden hatte. Darum war ihm der Bau jetzt eine eher angenehme Last.

Schließlich meinte er nun nach dem Einzug in das Haus im Berliner Stadtteil Südende, endlich diesen ersehnten Ort gefunden zu haben. Hier versuchte er zunächst, die politischen Umstände vor der Tür zu halten, solange es irgend ging, um wie ein Besessener an einer faszinierenden Idee zu arbeiten. Fast genau zwei Jahre zuvor, im September 1933, hatte sie ihm urplötzlich klar vor Augen gestanden. Eine Summe persönlicher Empfindungen, seinem eigenen Vater gegenüber wie aus biblisch-lutherischem Obrigkeitsideal und seiner preußischen Herkunft heraus, hatten sich zu einem romanträchtigen Exposé verdichtet. Über seinen aufwendigen Recherchen seitdem und der dichterischen Ausformung war ihm der preußische König Friedrich Wilhelm. L, der Held dieses Romans, immer mehr zum »Vater« schlechthin geworden. Kein Wunder also, dass ihm über all dem Dietrich Bonhoeffer nahezu aus dem Blick geraten war.

Ein weiterer Grund dafür lag bei Bonhoeffer selbst. Denn nur noch sporadisch tauchte dieser in Berlin auf, weil er nach seiner frühen akademischen Karriere zum habilitierten Theologen und Privatdozenten endlich auch alt genug für die kirchliche Ordination und damit für seine erste Pfarrstelle geworden war. Diese hatte er im Oktober 1933 außerhalb Deutschlands angetreten und war bis März 1935 für zwei der sechs deutschen Gemeinden in London zuständig gewesen. Mit ganzer Kraft hatte er sich dieser Aufgabe gewidmet, allerdings ohne den Kontakt zur deutschen Mutterkirche zu verlieren. Zudem hatte er, öfter als für die kurze Zeit gut schien, Berlin besucht oder wenigstens mit Kirchenleuten, Freunden oder seinen Eltern korrespondiert und telefoniert.

So hatte er auch die verhängnisvollen Entwicklungen in Staat und Kirche niemals aus den Augen verloren. Im Gegenteil hatte er sich im Laufe der politischen Vorgänge um die Reichskirche mit unbändigem Erneuerungswillen einer Richtung angeschlossen, der es vorrangig um das Bekenntnis und nicht um diplomatische Beziehungen zu der neuen Staatsmacht ging. Als dieser Teil der Kirche schließlich immer mehr in die Illegalität gedrängt wurde und diese auch vorzog, folgte Bonhoeffer einem Ruf zurück in die Heimat. Ab dem Frühjahr 1935 war ihm dann die Leitung einer der illegalen Ausbildungsstätten übertragen worden, die junge Pfarramtskandidaten nach dem Universitätsstudium auf ihren künftigen Dienst in den Gemeinden der Bekennenden Kirche vorbereiten sollten. Nach Deutschland zurückgekehrt, versuchte Bonhoeffer zugleich, seine Vorlesungstätigkeit als Privatdozent an der Berliner Universität, von der er sich für die Auslandszeit hatte beurlauben lassen, wieder aufzunehmen. Tatsächlich gelang es ihm, im Wintersemester 1935/36 eine Vorlesung unter dem Thema anzubieten, das sich wie ein roter Faden durch sein Denken zog. Es hatte seine Promotion wie seine Habilitation berührt und war nun im Predigerseminar die Grundlage der Arbeitsgemeinschaft. Er nannte es schlicht »Nachfolge«. Von der Bergpredigt Jesu ausgehend, fand Bonhoeffer in dieser Thematik die Mitte dessen, was Glaube im Sinne des Neuen Testaments ist: nicht Meinung, Weltanschauung oder Gefühl, sondern Aufbruch auf den Ruf Jesu hin.

Mit dieser theologisch zentralen Vorlesung war er an eine Universität zurückgekehrt, an der längst nicht mehr alles war, wie er es aus den Jahren seines Studiums und seiner anfänglichen Dozententätigkeit kannte. Das konnte er bereits an der Tatsache ablesen, dass er nun, wie alle aktiven Dozenten, zur Fortsetzung einer längst wahrgenommenen Aufgabe einen umfangreichen politischen Fragebogen ausfüllen musste. Mit seiner Unterschrift musste er bestätigen, sich an keinerlei kommunistischen oder sozialistischen Vereinigungen zu beteiligen, keiner Freimaurerloge anzugehören und keine jüdischen Eltern oder Großeltern zu haben. Zusätzlich hatte er einen ausführlichen Ariernachweis beizubringen. Gehorsam schickte Bonhoeffer die Unterlagen an die Universität, da in der Bekennenden Kirche jeder angehalten war, keine der öffentlichkeitswirksamen Tätigkeiten von sich aus aufzugeben, es sei denn, man wurde durch staatliche Willkür daraus verdrängt.

So gelang es Dietrich Bonhoeffer, diejenigen Studenten für seine Vorlesung zu gewinnen, die sich auch 1935/36 noch nicht hatten gleichschalten lassen. Viele waren es allerdings nicht mehr. Die Mehrzahl der Theologen war jetzt dabei, im Neuen Testament einen zeitgemäß heldischen Jesus zu suchen und lehnte selbstverständlich dessen Bibel, das Alte Testament, zunehmend ab. Dadurch erhielt die knapp gehaltene Vorlesung einen besonderen Wert, der sich unter den Interessierten herumsprach.

Auf diese Weise wurde auch Jochen Klepper darauf aufmerksam und ein weiteres Mal an Bonhoeffer erinnert. Als es ihm schließlich Anfang Februar 1936 gelang, sich für eine der Veranstaltungen Bonhoeffers frei zu machen, war es höchste Zeit. Denn eben jener Fragebogen, mit dem Bonhoeffer seiner Pflicht meinte korrekt genügt zu haben, sollte ihm zum Fallstrick werden. Mit seinen Pfarramtskandidaten aus dem Predigerseminar war er zu einer durch ökumenische Kontakte zustande gekommenen und im Reich durchaus argwöhnisch beobachteten Reise nach Schweden aufgebrochen und hatte den Universitätsfragebogen von unterwegs aus abgesandt. Dabei war ihm offenbar entgangen, dass er als Dozent der Universität für eine Auslandsreise eine besondere Genehmigung hätte einholen müssen. Infolgedessen geschah es, dass er schon am 14. Februar 1936 zum letzten Mal vor seinen Studenten stand, da ihm nach den darauf folgenden zähen Verhandlungen die Lehrbefugnis schließlich auch formell entzogen wurde.

Als Klepper sich eine Woche zuvor unter die Studenten mischte, schwebte diese Maßnahme der Universität bereits unübersehbar über dem Haupt des jungen Privatdozenten. Das hinderte ihn aber nicht, engagiert und geradlinig das vorzutragen, was ihm so besonders am Herzen lag.

Klepper fand mühelos einen Platz in dem längst nicht voll besetzten Hörsaal. Die meisten der Studenten hatten sich in der Nähe des Katheders niedergelassen und waren, als er eintrat, gerade dabei ihre Kolleghefte bereitzulegen. Mit einem Mal fühlte er sich wieder als der um seinen wissenschaftlichen und geistlichen Standort ringende Student der Breslauer Zeit. Dass er hier nur Gast sein wollte, musste er sich noch vor dem Hinsetzen ins Gedächtnis zurückrufen. Er entschied sich für einen Sitz am Rand neben zwei jungen Männern, die miteinander ins Gespräch vertieft waren und kaum Notiz von ihm nahmen.

Noch mit seinen Gedanken beschäftigt und in der Mappe nach Papier und Federhalter kramend, wurde er vom Klopfen der Studenten auf das Eintreten des Dozenten aufmerksam gemacht. Er hob den Kopf und sah, wie sich Dietrich Bonhoeffer geradewegs zum Katheder begab und die Studenten aufmunternd und freundlich begrüßte. Als er seinen Blick über die Reihen schweifen ließ, blieb dieser einen Moment an Jochen Klepper hängen. Er zögerte kurz, als müsse er sich besinnen, und nickte ihm dann besonders freundlich zu. Ohne Umschweife setzte er dann seine Ausführungen dort fort, wo er sie beim letzten Mal hatte unterbrechen müssen.

Soviel wurde Klepper schon bei den ersten Sätzen klar: Was Bonhoeffer »Nachfolge« nannte, schien ihn selbst vollständig zu erfüllen, aber leichte Kost war es deshalb längst nicht. Der Ruf Christi, ihm hinterherzugehen, sei gerade durch seine völlige Vereinnahmung erfüllend und zugleich unausweichlich. Darum müsse man es so formulieren: »Nur der Glaubende ist gehorsam, und nur der Gehorsame glaubt.« War nicht genau das die verantwortliche

Ernsthaftigkeit, auf die Klepper bei Friedrich Wilhelm, dem Vater, immer wieder stieß und die auch ihn selbst durch und durch erfüllte? Es brauchte nicht viel, dass seine Gedanken, angeregt von dem Gehörten, eigene Wege gehen wollten. »Nur der Teufel«, hörte er Bonhoeffer sagen, »hat eine Lösung des ethischen Konflikts anzubieten, und die heißt: Bleibe im Fragen, so bist du frei vom Gehorchen.« Auch diesen Worten konnte Klepper sofort zustimmen. Nur verselbständigten sich seine Gedanken dabei erneut. In der Person des Rufenden schienen sich viele Stimmen zu vereinigen: Gott, Jesus, sein »Vater« – und was war mit der braunen Obrigkeit? Wieder war er abgeschweift. Als er sich endlich auf den Sprecher konzentrierte, hörte er: »Willst du Gottes gebietendes Wort ausschlagen, so wirst du auch sein gnädiges Wort nicht empfangen.« Bonhoeffer schloss bereits seine Aufzeichnungen, lächelte seinen beifällig klopfenden Hörern freundlich zu und erhob sich, um den Raum zu verlassen.

Weit kam er allerdings nicht, denn im Nu hatten ihn einige Studenten in Beschlag genommen. Natürlich war auch Jochen Klepper von dem Gehörten beeindruckt. Gerade die Frage des Gehorsams beschäftigte ihn, ganz persönlich und zugleich im Blick auf seine Arbeit. Sollte er sich wie ein Student nicht nur an dessen Lippen, sondern jetzt auch an den jüngeren Lehrer selbst hängen? Unschlüssig schaute er von seinem Platz aus auf die Gruppe um Bonhoeffer.

Da traf ihn dessen Blick. Bonhoeffer machte sich von denen frei, die ihn umringten, trat auf Klepper zu und reichte ihm die Hand. Seine Studenten bat er sich umwendend um Verständnis, dass er Herrn Klepper, den er so lange nicht gesehen habe, gern noch sprechen wolle. Bei diesen Worten bekam Kleppers Gesicht einen leicht roten Anflug, der aber so schnell verging, wie die Studenten sich verabschiedeten.

»Na, wie geht es dem Rundfunk?«, wandte sich Bonhoeffer mit einem Lächeln an Klepper, als die Studenten den Raum verlassen hatten. Dieser winkte ab. »Mir hat zwar niemand das Mikrofon abgeschaltet«, erwiderte er und senkte dabei den Kopf, »aber schon Anfang Juni 1933 wurde ich entlassen. Ihre Frage kann ich also gar nicht beantworten. Wie Sie ja wissen, ist meine Frau Jüdin, und das sagt heute alles.« Er hob seinen Blick wieder und sah Bonhoeffer aufrecht an.

Bonhoeffers Augen schauten bei diesen Worten zuerst erschrocken, bekamen aber sofort einen warmen Glanz. Danach drehte er sich auffällig nach allen Seiten um und fragte: »Darf ich Sie zu einer Tasse Kaffee einladen? Dabei können wir uns bestimmt besser unterhalten als hier.« Klepper nahm den Vorschlag gern an und so ließen die beiden Hörsaal und Gebäude hinter sich und strebten einem nahen Straßencafé zu.

Unterwegs nahm Bonhoeffer den Gesprächsfaden wieder auf. »Es tut mir sehr leid, Herr Klepper, was Sie wegen dieses schrecklichen Rassenwahns durchzumachen haben. Mein Schwager, der Mann meiner Zwillingsschwester, ist auch Jude, ich weiß also, wovon ich rede. Als ob das alles nicht schon schwer genug wäre, hat auch die Kirche bei der Einführung des Berufsbeamtentums gleichgezogen und die so genannten nichtarischen Pfarrer aus dem Dienst entfernt. Es hat auch meinen besten Freund, Franz Hildebrandt, getroffen. Was wir da seit März 1933 erleben, will nicht in meinen Kopf. Es lässt Schreckliches befürchten. Dagegen muss man etwas tun.« Bonhoeffer redete leise, aber sein Ton wurde schärfer.

»Meinen Sie wirklich, dass es dafür Chancen gibt?«, fragte Klepper. »Was uns in diesen Tagen zugemutet wird, macht mir einfach nur noch Angst.«

»Ängste sind auch meine täglichen Begleiter, aber selbst das darf uns nicht hindern, für unsere Mitmenschen einzutreten«, antwortete Bonhoeffer. »Wie einige, leider nur wenige Amtsbrüder habe ich mich gegen diese Willkür in unserer Kirche damals sofort in der Presse zu Wort gemeldet. Meine Thesen vom April 1933 wurden zwar erst in der Juniausgabe des ›Vormarsch‹ gedruckt, aber das wäre nicht zu spät gewesen. Vielleicht waren sie zu harmlos. Zwei Monate später habe ich dann noch nachdrücklicher darauf hingewiesen, dass man einer Kirche nicht mehr angehören kann, die getaufte Juden, also doch Christen, aus ihren Reihen ausschließt.«

Über diesen Worten hatten sie das Café erreicht, das zu dieser Stunde nur mäßig besucht war, so dass sie sich an einen eigenen Tisch in der Ecke zurückziehen konnten. Klepper war es, der an das Gespräch, erst etwas zögerlich, aber unnachgiebig wieder anknüpfte: »Obwohl ich aus dem öffentlichen Leben immer mehr herausgedrängt werde, beobachte ich die Entwicklung, auch in der Kirche, mit großer Skepsis«, sagte er.

»Haben Sie nicht in diesen ernsten Zeiten ein sehr gut aufgenommenes heiteres Buch herausgebracht?«, unterbrach ihn Bonhoeffer unvermittelt.

»Sie sprechen von meinem ›Kahn der fröhlichen Leute‹? Ja, es ist mein Erstling, mit dem ich meiner Heimat an der Oder, von der ich mich ja nun nach Berlin verabschiedet habe, ein kleines Denkmal setzen wollte. Das Büchlein hat mir gerade in all den erfahrenen Ablehnungen soviel Auftrieb für meine künftige schriftstellerische Arbeit gegeben. Sie sollten es nicht gering achten, selbst wenn es etwas leichtere Lektüre ist. Von irgendetwas muss ja auch ich leben. Viel Zeit und Energie hatte mir zuvor ein bereits 1927 begonnener Moderoman gekostet. ›Die große Direktrice‹ sollte sein Titel sein. Auf einer Paris-Reise mit meiner Frau habe ich sogar dafür recherchiert. Auch theologische Vorlesungen habe ich extra für dieses Projekt gehört. Mit Mode und Eleganz, aber auch Emanzipation und vom Glauben in der Zeit nach dem Weltkrieg inspirierten Fragen zum Lebenssinn, wollte ich die Leser ansprechen. Aber leider bekamen mögliche Leser gar keine Chance. Nach anfänglich guten Aussichten für eine Veröffentlichung zogen mehrere Verlage mit mir fadenscheinig vorkommenden Argumenten ihre Zusagen zurück. Auch ein möglich scheinender Abdruck als Fortsetzungsroman einer Zeitung scheiterte schließlich.

Aber zurück zu den viel wichtigeren Ereignissen. Die Spaltung unserer Kirche tut mir sehr weh.«

Bonhoeffer sah ihn verwundert an. »Ja fänden Sie es denn besser, wenn die Nazis unsere gesamte Kirche deutsch-christlich vereinnahmten? Wollen Sie wirklich das Christusbekenntnis hintanstellen? Seit meiner Promotion bin ich mir gewiss, das bei Hegel gefundene Wort, Gott werde in der Gemeinde wirksam, heißt für uns im Sinne des Neuen Testaments ›Christus als Gemeinde existierende‹!

Und zur Gemeinde gehören alle, die sich taufen lassen. Das darf uns nicht durch einen Rassenwahn kaputtgemacht werden. Nein, dagegen muss man etwas tun, solange es nicht zu spät ist.

Auch mir wäre die eine Kirche lieber, aber doch nicht die Kirche der braunen Fahnen.«

»Darf ich noch einmal auf Ihre Vorlesung zurückkommen?«, unterbrach ihn Klepper, seine Zustimmung voraussetzend. »Der Gehorsam, den Sie mit der Nachfolge verbinden, ist es, der mich hier nachfragen lässt. Christus erwartet ihn, sagen Sie. Aber müssen wir nicht einen praktischen Schritt weiter gehen, den uns das Neue Testament selbst auch vorgibt? Schulden wir den heute Regierenden, ›der Obrigkeit‹ nach den Worten des Apostels Paulus im 13. Kapitel des Römerbriefes, nicht den gleichen Gehorsam wie damals? Ich stehe ganz bewusst in dieser Tradition, die uns Luther später so eindringlich verdeutscht hat. Jede Obrigkeit hat nach meinem Verständnis ihr Mandat von Gott, ihr gilt es Untertan zu sein. Aber selbst in den Gottesdiensten der Bekennenden Kirche ist die Fürbitte für den Führer verstummt. Dabei glaube ich fest daran, dass Gott auch ihn lenkt. Seit ich intensiv über den Preußenkönig Friedrich Wilhelm I. arbeite, wird mir immer deutlicher, wie wichtig und wie gefährdet zugleich solche Vatergestalten sind. Gerade an diesem Mann studiere ich die riesige Spannung zwischen dem Herrscheramt und seinem gläubigen Gewissen. Auch mir hilft mein christlicher Glaube dabei, ein guter Patriot zu bleiben. Sollte es wieder zu einem Krieg kommen, würde ich nicht abseits stehen und auf jeden Fall als Soldat mein Vaterland verteidigen wollen.«

Leise zuerst und nachdenklich, dann immer leidenschaftlicher hatte Jochen Klepper seine innere Überzeugung ausgebreitet. Bonhoeffer hatte ihm zugehört und gelegentlich einen Schluck von dem inzwischen servierten Kaffee getrunken. Klepper hatte nur hin und wieder wie zum Nachdruck den Löffel genommen und in der Tasse gerührt. Sein Kaffee musste längst kalt geworden sein. Nun schaute er Bonhoeffer fragend an und führte seine Tasse zum Mund.

Dieser löste den Blick von seinem Gegenüber und ließ ihn über das Café hin bis durch die Fensterscheibe auf die Straße schweifen. »Eine der von mir in der Vorlesung kritisierten Haltungen, die ich gerade im akademischen Bereich finde, scheinen Sie bereits hinter sich gelassen zu haben«, sagte er und ein Lächeln huschte über sein Gesicht, das er Klepper nun wieder zuwandte. »Sie haben sich entschieden und bleiben nicht im unverbindlichen Fragen. Darum bin ich es wohl, dem sich einige Fragen stellen. Zunächst interessiert mich Ihre Arbeit über den großen alten Mann. Ich kann mir nach Ihren Worten gut vorstellen, dass er sie fasziniert. Auch ich bin eigentlich ein Preuße. Und ein Lutheraner«, fügte er an, »bin ich ganz bestimmt auch. Aber wenn Sie den Apostel Paulus im Zusammenhang mit dieser heute eher verhängnisvollen Bemerkung erwähnen«, fuhr er fort, »möchte ich Sie doch fragen: Sind Sie nicht der Meinung, dass Paulus da von einer Obrigkeit ausgeht, die sich bewusst als Dienerin Gottes versteht? Spricht er nicht ihr allein diese außerordentliche Würde zu? Denn das Neue Testament kennt ja durchaus auch die Vergänglichkeit der weltlichen Strukturen und neben einem Rechtsstaat göttlicher Ordnung auch sein dämonisches Gegenstück, wie wir es in der Offenbarung des Johannes, übrigens auch im 13. Kapitel, finden. Luther wollte das kostbare Gut der Reformation unter den Schutz der ohnehin vorhandenen Landesherren stellen und ihnen den Glauben und durch diesen die Ordnung des öffentlichen Lebens ans Herz legen. Darum setzte er in diesen turbulenten Zeiten auf die Verbindung von Thron und Altar.«

Dietrich Bonhoeffer, in Fahrt geraten, unterbrach seine Worte, weil der Kellner auf ihren Tisch zukam und sich nach weiteren Wünschen erkundigte. Beide bestellten noch eine Tasse Kaffee und Klepper dazu ein Glas Wasser. Als der Kellner Bonhoeffers leere Tasse auf sein Tablett stellte, schob ihm Klepper auch seine noch halbvolle zu. Der Kellner brachte sie auf dem silbernen Oval unter und verschwand.

Da Klepper erwartungsvoll schwieg, fuhr Bonhoeffer mit seinen Gedanken fort: »Auch möchte ich Gestalten wie Friedrich Wilhelm und Hitler aus einem sehr einfachen Grunde nicht miteinander im gleichen Atemzug nennen. Das Gewissen, das Sie bei dem Monarchen finden, suchen Sie bei dem Despoten vergeblich. Seit einiger Zeit wird mir immer klarer, dass Hitler von Gott nicht nur nicht geleitet, sondern geradezu verstockt wurde, wie es vergleichsweise von den Nachbarkönigen Israels im Alten Testament berichtet wird. Sie werden sich an die Passage erinnern, in der erzählt wird, dass der Assyrer Sanherib Jerusalem belagerte. Dadurch wollte Gott nicht etwa an diesem arbeiten, sondern sein geliebtes Volk Israel zum Hören und neuem Gehorsam rufen. Wir sollen bekehrt werden, nicht Hitler!«

Klepper legte seine Hand demonstrativ auf den Mund, als er den Kellner mit Kaffee und Tafelwasser kommen sah. Während Bonhoeffer verstummte, setzte dieser das Bestellte vor den beiden Gästen ab und entfernte sich schnell wieder.

»Wichtiger als der erste Glaubensartikel von der Allmacht Gottes«, fuhr Bonhoeffer nach dieser kurzen Pause fort, »ist mir in dieser Beziehung der zweite. Denn Gott geht in Christus in unsere Welt ein, weil es ihm nicht um unser Überwintern im Jammertal, sondern um die Annahme seiner Welt geht. Die Lehre Luthers von den zwei Reichen, in denen Gott sich hier notgedrungen der weltlichen Macht bedienen muss und dem himmlischen Reich seiner totalen Liebe, vermag ich immer weniger mit der Wirklichkeit zu verbinden. Ich meine, echte Christlichkeit ist bewusst angenommene Weltlichkeit. Christi Kreuz hat das Jenseits-Diesseits-Schema aufgebrochen. Die Verheißung einer neuen Erde tut der Treue zur alten keinen Abbruch. Was ich sagen will ist, auch wenn der in diese Welt eingegangene Gott nicht in ihr aufgeht, ruft er uns hier und jetzt in seine Nachfolge. Wenn wir auf ihn hören, müssen wir Hitler auch dann widersprechen, wenn das schwerwiegende Folgen haben kann.«

Klepper signalisierte, dass er mit diesen Ausführungen einige Mühe habe, worauf Bonhoeffer meinte, man könne im Nazistaat nicht die von Gott gegebene Obrigkeit sehen, gegen die zu arbeiten der »deutsche Gott« auch noch verbiete. »In diesen Tagen«, fuhr er fort, »überschlagen sich leider die Ereignisse in einem solchen Tempo, dass man mitunter spontan handeln muss und erst später nachdenken kann. So intensiv, wie Sie an Ihrem Roman arbeiten, so intensiv beschäftigen mich Überlegungen zu einer christlichen Ethik, die ich zu gern einmal zu Papier brächte.«

Bonhoeffer hob seine Tasse, nahm einen Schluck und kehrte mit einer ganz unerwarteten Frage an den Anfang des Gesprächs zurück: »Welchen Titel wird Ihr Roman eigentlich haben?«

Klepper hing dem eben Gehörten noch in Gedanken nach, schaltete aber schnell um, als von seinem liebsten Kind die Rede war: »›Der Vater‹«, antwortete er sofort. »Womit wir wieder beim Gehorsam wären«, fügte er, da ihm nun einmal das Wort zugefallen war, nach kurzer Pause an. »Auch wenn ich über Ihre Schlüsse noch nachdenken muss, habe ich den Eindruck, dass Sie Ihren als notwendig erkannten Widerspruch nicht allein in Worte fassen«, sagte er und schaute Bonhoeffer fragend an.

»Sie haben Recht«, antwortete dieser, »davon möchte ich jetzt aber nicht sprechen. Ich habe überhaupt schon viel zu sehr doziert. Dabei wackelt meine Lehrbefugnis an der Universität mächtig. Lange haben Sie vermutlich nicht mehr die Gelegenheit, mich dort zu hören. Vielleicht habe ich mich Ihnen deshalb so weit geöffnet, weil ich Ihre theologische Herkunft und Ihre Situation nur zu gut begreifen kann. Außerdem regen mich ernsthafte Zuhörer an. Ebenso glücklich bin ich, dass ich in unserem Predigerseminar, wenn auch in der Illegalität, wirklich zum Eigentlichen komme. Wir theoretisieren dort nicht nur über die Nachfolge, wir leben sie miteinander. Das erfüllt mich über alle Maßen. Ich fühle mich in der Gemeinschaft der Brüder zu Hause und erlebe da Christus, als Gemeinde existierend.«

»Diese Erfahrung kann ich leider nicht mit Ihnen teilen«, gab Klepper mit leiser Stimme zu. »Mein geistliches Leben nährt sich neben den Gottesdiensten der Ortsgemeinde von der Bibel selbst, mit der ich lebe, und dem ganz bewussten Vollzug des Kirchenjahres. Damit gehöre ich wohl, vielleicht auch notgedrungen, eher zu den Stillen im Lande, wie ein Psalm das nennt. Seit dem vergangenen Jahr merke ich immer deutlicher, dass mir gerade dieser geistliche Bezug lyrische Möglichkeiten zuwachsen lässt. Von Impulsen der Bibel ausgehend, arbeite ich seitdem auch an Gedichten, die ich mir gut als Lieder der Kirche vorstellen könnte.« Er verstummte, um nach kurzem Schweigen mit der Frage fortzufahren: »Wieso erzähle ich Ihnen das denn?«

Bonhoeffer musste lächeln und versuchte mit der scherzhaften Bemerkung: »Offenheit der Schlesier unter sich eben«, die Situation aufzulockern. Aber ganz ernsthaft fügte er hinzu: »Haben Sie nicht Lust, uns einmal in Finkenwalde zu besuchen? Sie könnten die Brüder dort kennenlernen und wir Ihre Lyrik, auf die Sie mich neugierig gemacht haben.«

Nun entspannte sich auch Kleppers Gesicht. »Wo liegt Finkenwalde eigentlich?«, überlegte er.

Darauf entgegnete Bonhoeffer: »Wir sollten bald einen Termin ins Auge fassen, wie lange uns unser pommersches Finkenwalde vor den Toren Stettins allerdings noch bleibt, ist heute ganz ungewiss.«

»Dann kommen Sie doch mit Ihren Brüdern zu uns nach Südende«, schlug Klepper vor. »Der Advent ist die Zeit im Kirchenjahr, die ich besonders liebe, und geht es nicht in diesem Jahr, dann vielleicht im nächsten ...«

# ADVENTSBESUCH, 7. DEZEMBER 1937

Zum dritten Mal erlebten Kleppers als Familie die Adventszeit im eigenen Haus. Was Jochen Klepper anging, kann man nur sagen, er zelebrierte sie. Für ihn gab es nicht die Vorweihnachtszeit schlechthin, sondern »den Advent«. Sicherlich legte die Dunkelheit der Dezembertage eine stärkere Heimeligkeit schon von sich aus nahe. Aber er verwandelte mit dezentem Schmuck, einem duftenden Tannenzweig hier und da und Kerzen sowieso die ganze Atmosphäre des Hauses. Er begründete die Aufwertungen damit, dass sie eine sichtbare Unterstreichung des biblisch-adventlichen Inhalts der Wiederkunft Jesu seien, die zugleich zur häuslich-ästhetischen Gestalt gereift wären. Ja, sie seien seiner Meinung nach geradezu notwendig, um dieser herben Botschaft standhalten zu können. Die Zeichen der Zeit mit all ihrer Schönheit und den gleichzeitig hinzunehmenden Einschnitten im persönlichen Leben wurden ihm dafür zu einer weiteren Metapher. Sie half dem Hausherrn, sich mit den Seinen vorzubereiten, darauf einzustellen, dass der Herr zu erwarten sei, als König und Herrscher dieser Welt. Die anderen, kaum weniger eindeutigen, aber so viel zarter erscheinenden Aspekte der Weihnachtsgeschichte von der Menschwerdung des Herrn als hilflosem Kind im Stall von Bethlehem bekamen selbstverständlich ebenfalls ihren gestalteten Platz, aber erst wenn es soweit war – zu Weihnachten.

Am frühen Abend dieses 7. Dezember, während Jochen Klepper ordnend und vorbereitend in dem ihm lieb gewordenen Haus beschäftigt war und mit seiner Frau Hanni zusammen dies und das für den erwarteten Besuch besprach, gingen auch Dietrich Bonhoeffer besondere Gedanken zum Advent durch den Kopf. Zusammen mit der kleinen Gruppe seiner neuen Kandidaten befand er sich in der Bahn nach Berlin-Südende. Obwohl den braunen Machthabern die illegale Kandidatenausbildung der Bekennenden Kirche ein Dorn im Auge war, was nicht zuletzt die Planung des zunächst nur lose vereinbarten Besuchs erschwert hatte, sollte dieser nun endlich im Hause Klepper zustande kommen. Die Bedrohung schien immer mehr zum Kennzeichen alles Lebendigen zu werden. Dem Finkenwalder Predigerseminar war eine zwar sehr erfüllte, aber leider nur umso kürzere Zeit beschieden gewesen. Mit der Versiegelung des Hauses durch die Gestapo Ende September und der damit verbundenen Auflösung des Predigerseminars hatte Bonhoeffer im Grunde auch seinen Wohnsitz verloren. Nun aber war in Köslin und Schlawe durch die Unterbringung der Vikare in örtlich konzentrierten Pfarrstellen unter der Obhut eines Ortspfarrers eine ambulante, also noch viel vorläufigere, jedoch in diesen schwierigen Zeiten angemessene Form der Zurüstung für den Dienst in den Bekennenden Gemeinden gefunden worden.

Es war schon tiefe Dämmerung, als Bonhoeffer mit den jungen Männern dem Hause Kleppers zustrebte. Er freute sich auf diesen Abend, von dem er viel erwartete. Auf eine ganz ungezwungene Weise konnte er die neuen Kandidaten des eben beginnenden Kurses kennenlernen und diese sich zugleich gegenseitig. Die Begegnung würde dazu seine Beziehung zu dem Dichter Klepper beleben, wie auch ganz gewiss ein geistlicher Impuls von ihr ausgehen würde. Außerdem sehnten sich alle nach der Wärme eines geordneten Zuhauses in den dunklen Tagen dieser unwirtlichen Zeit. Wehmütig erinnerte sich Bonhoeffer an das Leben in Finkenwalde, als man selbst noch Gäste einladen konnte und wo, auch bei sonst bescheidener Möblierung, schon durch den Klang der beiden Konzertflügel schnell eine festliche Atmosphäre geherrscht hatte. Unter diesen Gedanken hatten sie die Karlsstraße gefunden und schritten auf das Haus Nr. 6 mit den festlich erleuchteten Fenstern zu.

Gleich zu Beginn, beim freundlichen Empfang durch das Ehepaar Klepper, spürte Bonhoeffer, dass seine Hoffnungen auf diesen Abend erfüllbar waren. Als er und die jungen Männer sich in der Diele aus ihren Mänteln geschält hatten und den Gastgebern ihre noch klammen Hände reichten, empfing sie eine Welle häuslicher Wärme.

Hanni Klepper machte mit ihrem gepflegten Aussehen, dem kurzen anliegenden Haar und einem schlichten, aber modischen Kleid einen auffallend jugendlichen Eindruck und gab, zusammen mit ihrem ein wenig zart und verletzlich wirkenden Mann, ein angenehmes Gastgeberpaar. Die Besucher trugen, der Würde des Abends angemessen, dunkle Anzüge. Etwas Farbe brachten dagegen die beiden 13- und 15-jährigen Töchter Renate und Brigitte ins Bild, die neugierig in die Diele kamen und in das Vorstellen und Händereichen einbezogen wurden.

Einer der Pfarramtskandidaten entnahm einer großen Papierumhüllung behutsam einen ziemlich winzig geratenen Alpenveilchenstrauß und übergab ihn mit artiger Verbeugung der Frau des Hauses: »Als Gruß von uns allen«, wie er auf die Besucher zeigend humorvoll meinte. Mit den Worten: »Oh, wie schön!«, bedankte sie sich und ging, nachdem sie die Blumen bewundert und zur allgemeinen Ansicht gezeigt hatte, um eine Vase zu holen.

Bonhoeffer selbst nestelte ein Buch aus seiner Tasche und meinte zu Klepper: »Darf ich Ihnen schriftlich übergeben, was Sie leider nur ausschnittweise in der einen Vorlesungsstunde hören konnten?«

Klepper nahm das Buch staunend entgegen. Es war die eben bei Christian Kaiser in München erschienene »Nachfolge«. Als er es aufschlug, fand er auf dem ersten leeren Blatt eine freundliche kurze Widmung zum Advent 1937. Die Freude über das Geschenk ließ seine Augen aufleuchten und es war ihm geradezu anzusehen, dass er sich am liebsten gleich zum Lesen in eine stille Ecke begeben hätte. Da kam Frau Klepper mit den Alpenveilchen in einer kleinen Kristallvase zurück und bat die Herren, doch endlich näher zu treten.

Die Wärme des Hauses wurde von einem angenehm gedämpften Licht unterstrichen. Es war hell genug, so dass die Kandidaten in der Diele die Empire-Möbel bewundern konnten und sich in dem elfenbeinfarben gehaltenen Treppenhaus mit den dunklen Läufern zur

Betrachtung der barocken italienischen Kupferstiche verteilt hatten. Als Hanni Klepper sie in dieser musealen Haltung stehen sah, richtete sie sich mit einem humorigen Anflug an ihre Besucher: »Meine Herren, darf ich Sie auf dem Weg zu Ihren Plätzen einmal durch unser kleines Museum führen?«

Mit der Vase in der Hand ging sie voran und die Herren folgten ihr. Unterwegs schaute man in das Barockzimmer mit den grazilen Möbeln, das sich das Ehepaar als gemeinsames Arbeitszimmer eingerichtet hatte, und sogar in die mit praktischen Wandschränken versehene hellgelbe Küche, um schließlich in der Bibliothek, die trotz des Essplatzes durch die große Zahl der Bücherrücken und die Ausstattung mit Renaissance-Möbeln und Skulpturen recht feierlich wirkte, die vorbereiteten Plätze einzunehmen.

Als Jochen Klepper, der noch einige Kerzen anzündete, die umherschweifenden Blicke der Gäste wahrnahm, überkamen ihn wieder die oft gefühlte Freude und der Stolz über das schöne Zuhause. An Bonhoeffer gewandt, der das Ambiente ebenfalls sichtlich genoss, sagte er: »Als wir hier vor zwei Jahren einziehen und alles einrichten konnten, hat uns ein Wort aus dem 32. Kapitel des Jeremiabuches ganz besonders angesprochen. Geht es nicht auch uns ein bisschen wie Jeremia, dem Gotteszeugen des Alten Testaments, der sich auf Gottes Befehl hin einen Acker zu Anathoth im Lande Benjamin kauft, trotz der Gewissheit, dass – irdisch gesehen – alles verloren ist? Denn Gott hatte das Land damals bereits in die Hände der Chaldäer gegeben. Aber im Vertrauen auf Gottes Führung gegen alle menschliche Vernunft und Voraussicht übernahm er diesen Acker. Daran denken wir in diesen Tagen immer wieder.« Und sich unter den Anwesenden umsehend sagte er: »Seien Sie also alle heute sehr herzlich willkommen auf dem ›Acker Jeremias‹«.

Weil in die Stille, die sich nach diesen bedeutungsschweren Worten Kleppers ausbreitete, niemand etwas erwidern wollte, auch Bonhoeffer nicht, begann Frau Klepper damit, den Tee einzuschenken. Es gelang ihr, einem Gefühl folgend, diese anfängliche Unsicherheit mit ihrer ganz praktischen häuslichen Geste zu überwinden. Außerdem kam ihr die Wahrnehmung wie gerufen, dass einige der Herren etwas verwundert nach den beiden Mädchen schauten. »Ich sehe Ihren Blicken an, dass sich manche von Ihnen fragen, wie es kommt«, meinte sie wie nebenhin, »dass mein Mann schon so große Töchter hat. Können Sie sich vorstellen, dass Renate und Brigitte bereits sieben und neun Jahre alt waren, als sie sich noch vor mir mit Jochen anfreundeten?«

Während die Kandidaten erstaunt zwischen den Mädchen und ihrer Mutter hin und her blickten und die Genannten sich wegen der zu erwartenden Geschichte gegenseitig anstießen, fuhr Hanni Klepper fort: »Die beiden erzählten mir, dass sie einen sehr netten Herrn auf der Straße kennengelernt hätten, mit dem sie sich öfter im Vorübergehen unterhielten. Das machte mich neugierig. Aber noch ehe ich ihn kennenlernen konnte, stand er eines Mittags vor der Tür unserer Breslauer Wohnung und erkundigte sich nach dem Zimmer, das ich damals zu vermieten hatte. Was er aber nicht wusste war, dass seine kleinen Freundinnen von der Straße meine Töchter waren, und ich wusste nicht, dass er der nette Herr war.«

In die durch diese Episode ausgelöste Heiterkeit hinein meinte Brigitte schelmisch: »Das waren wirklich schöne Zeiten, als Jochen unser Untermieter wurde und uns beide dann gelegentlich mit unseren Puppen sogar zu sich zum Tee einlud. Wir fanden das herrlich und erschienen mit übervollen Puppenwagen, wurden mit ›Sie‹ und ›gnädige Frau‹ angesprochen, die Puppen und Stofftiere als unsere Kinder. Stellen Sie sich vor, mein Lieblingsaffe, ein Geschenk meines verstorbenen Vaters, war mein Sohn, und Jochen fand, dass er sehr klug aussähe und mir ähnlich sei.« Als alle lachten, meinte sie nur: »Ich fand das damals gar nicht komisch, sondern die Nachmittage wunderbar, zumal Jochen uns sogar an seinem Kopfhörerradio Musik hören ließ.«

Damit schien das Eis gebrochen. Nun machte man sich näher miteinander bekannt und erzählte gern auch die eine oder andere selbst erlebte Kuriosität. Währenddessen hatte Frau Klepper zusammen mit ihren beiden Töchtern Plätzchen und Kuchen auf dem Tisch verteilt, Tee nachgegossen und verließ mit ihnen über dem in Gang gekommenen Gespräch nahezu unbemerkt die Runde der Herren.

Längst stand der Hausherr wieder im Mittelpunkt des Gesprächs. Der bisher nur wenig mit kleinen Beiträgen im Rundfunk und Zeitungsartikeln oder mit dem nicht sehr tiefgründigen Roman »Der Kahn der fröhlichen Leute« in Erscheinung getretene Jochen Klepper war seit der Veröffentlichung seines neuen Werkes im vergangenen Februar plötzlich kein Unbekannter mehr.

»Der Vater«, das Buch über den großen Hohenzollern Friedrich Wilhelm I., so umfangreich es auch war, schien in mehrfachem Sinne in die Zeit zu passen. Vordergründig gesehen unterstützte der Monarch das wieder salonfähig gewordene Ideal eines starken Führers. Der Roman verbreitete sich schnell und wurde gelesen. Auch einige der Kandidaten hatte er angesprochen.

Aber zuerst platzte einer mit der wenig einfühlsamen Frage heraus, ob Klepper wisse, dass dieses Buch zur Lieblingslektüre der Militärs gehöre und, wie zu erfahren sei, selbst von Hitler an Offiziere verschenkt werde. Noch bevor Klepper sich dazu äußern konnte, stellte ein anderer, zwar höflich, aber sehr direkt, die Geschichtsinterpretation des Romans in Frage: »Wenn ich daran erinnern darf, welches vernichtende Bild etwa Voltaire von diesem ›Soldatenkönig‹ gezeichnet hat, muss ich mich über Ihre Darstellung doch sehr wundern.« Und er fuhr fort: »Die stumpfe Grausamkeit gegen die eigenen Kinder Friedrich, den späteren König, und Wilhelmine, die spätere Markgräfin von Bayreuth, seine Maßlosigkeit gegenüber dem Alkohol, seine sadistischen Neigungen wie die Hinrichtung von Kattes unter den Augen seines Jugendfreundes, des Kronprinzen, geben doch zu einigen Fragen Anlass.«

In der nun entstandenen Pause bot sich Dietrich Bonhoeffer als Vermittler an, um das Gespräch in die Runde zu geben und nicht zu einem Frage- und Antwortspiel mit dem Autor zu machen. »Darf ich die Kandidaten daran erinnern, dass auch in der Literatur, wie in der bildenden Kunst oder in der Musik, durch den Autor eine künstlerische Verarbeitung erfolgt, die sich nicht in einer Eins-zu-eins-Umsetzung erschöpft«, gab er den allzu eifrigen Fragern zu bedenken und wandte sich beim Sprechen beinahe ein wenig entschuldigend wieder in Kleppers Richtung.

»Wahrscheinlich hängt es genau damit zusammen, dass ich diese Passagen ganz anders verstanden habe«, meldete sich ein weiterer Kandidat. Als Bonhoeffer ihm zunickte, fuhr er fort: »Mir kam es vor, als ob Sie, Herr Klepper, die Biographie des Königs in eine gewisse Parallele zum Heilsgeschehen der Bibel bringen. Ich entdecke von meinem Hintergrund her in der ganzen Darstellung immer wieder das Kreuz Christi. In dem überindividuellen Geschick des Preußenkönigs finde ich eine Hilfe, eigene Beziehungen zu deuten. Da wird der Prozess gegen den Kronprinzen und die Fluchthelfer zu einer sehr mehrdeutigen Metapher. Der König vollzieht letzten Endes, was er vorher in dem großen Satz am Gnadenstuhl von Geldern gelesen hat. Sicher verschreckt es unser Gerechtigkeitsgefühl, wenn er von Katte hinrichten lässt, den Kronprinzen aber begnadigt. Seine Desertion zieht als Kapitalverbrechen die Todesstrafe nach sich. Aber damit würde sie zum Gericht über das gesamte Herrschergeschlecht. An dieser Stelle kommt es mir vor, als ob Abraham seinen Sohn Isaak gemäß der göttlichen Aufforderung auf den Opferaltar bindet. Der Verzicht des anberaumten Gerichts auf ein Urteil über den Kronprinzen ist für mich als Leser wie ein Vergleich mit dieser Geschichte des Alten Testaments.

Mir scheint, als ob der König den Verzicht Gottes auf Abrahams Opfer hier als einen Verzicht auf sein gefordertes Opfer begreift und annimmt. Denn er ist ja nicht allein der Vater des Kronprinzen, sondern auch der König des Landes. Als Letzterer tritt er dem Gericht bei und verurteilt von Katte zum Tode. Auf diese Weise versucht er, dem Gesetz gerecht zu werden, die gestörte Ordnung aber wiederherzustellen. Als König ist er dazu verpflichtet. Es ist sein Amt. Geschieht in diesem ganzen Zusammenhang nicht etwas, was wir mit dem stellvertretenden Opfer Gottes im Neuen Testament vergleichen können? Wird Friedrich Wilhelm I. nicht als jemand gezeichnet, der anstelle des Kronprinzen selbst unter diesem Geschehen leidet? Und wenn der König vorhin von dir«, der Kandidat zeigte auf seinen Vorgänger, »sadistisch genannt wurde, versucht der Autor das gar nicht zu verschleiern. Ein Satz aus diesem Zusammenhang ist mir richtig unter die Haut gegangen und im Gedächtnis geblieben, der mir diesen Sadismus in einem anderen Licht erscheinen lässt, wo Sie, Herr Klepper, schreiben: ›Könige müssen schwerer sündigen als andere Menschen‹ oder so ähnlich.«

Aller Augen hatten sich nach diesem leidenschaftlichen Vortrag auf Jochen Klepper gerichtet. Obwohl dieser seinen Blick gesenkt hielt, sah man ihm an, wie er sich über die Auseinandersetzung mit seinem großen Werk bei aller Kritik vor allem freute. Als Bonhoeffer ihm nun das Wort erteilte, musste die Runde einen Moment lang auf seine Antwort warten. Klepper meinte dann sehr bescheiden, dass er vom Leser erwarten könne, sein Urteil selbst zu bilden, und wohl damit leben müsse, wenn dieser zu eigenen Schlüssen käme. Da er nach den wenigen Sätzen bereits verstummte, meldete sich ein anderer junger Mann zu Wort. Er fragte in die Runde: »Mir ist immer noch nicht klar, ob der Roman das totalitäre Regime unserer Tage salonfähig macht oder ob er eher, vom christlichen Glauben her, als Protest verstanden sein will? Ich habe sehr wohl bemerkt, dass Sie an den Anfang eines jeden Kapitels ein Zitat aus der Heiligen Schrift gestellt haben. Sie legitimieren es jeweils mit der Bezeichnung ›Die Bibel, dabei handelt es sich aber ausschließlich um Zitate aus dem heute so geschmähten Alten Testament. Außerdem muss ich an die Auseinandersetzung des Königs mit der Waffenrüstung Gottes denken, die Sie dem 6. Kapitel des Briefes an die Epheser entnahmen. Wird damit das Preußentum Friedrich Wilhelms nicht geradezu emphatisch gegen den satanischen Ungeist unserer Tage gestellt?«

Als die Blicke nach diesen Fragen erneut auf Klepper fielen, zögerte er und meinte lächelnd: »Diese Frage zu beantworten hieße, sich zu wiederholen.« Er fügte hinzu: »Im Übrigen will ich gar nicht verhehlen, dass ich persönlich einen weisen Monarchen für Europa oder wenigstens für Deutschland ersehne. Aber was ich vor einigen Tagen von Reinhold Schneider über einen Besuch bei den Hohenzollern gehört habe, nimmt mir in dieser Beziehung meine ganze Hoffnung. Zu Ihrer Frage nach dem Platz im heutigen Leben kann ich nur darauf hinweisen, dass ich kurz nach dem Erscheinen meines Romans im März diesen Jahres aus der Reichsschrifttumskammer ausgeschlossen wurde, was einem Veröffentlichungsverbot gleichkommt. Zwar habe ich eine Sondergenehmigung erwirkt, die mir, allerdings nur bis zu einer endgültigen Klärung der Sache, erteilt wurde. Seitdem erlebe ich es immer wieder, dass auch kleine Beiträge von mir zwar nicht abgelehnt, aber einfach nicht zur Veröffentlichung freigegeben werden.«

Aus dem betretenen Schweigen, das sich nach dieser Mitteilung verbreitet hatte, meldete sich einer der jungen Gäste und erinnerte an das Fest der Kirchenmusik im vergangenen Oktober in Berlin: »Ich hatte mich schon gewundert«, sagte er, »dass außerhalb des offiziellen Programms noch wie in letzter Minute Sonderdrucke von Liedern ausgegeben wurden, die aus Ihrer Feder stammen.«

Kleppers Blick hellte sich auf und er gab unumwunden zu: »Das hat mich, gerade vor dem Hintergrund des eben Geschilderten, ebenfalls außerordentlich gefreut. Die Lieder sind aus meinem Umgang mit der Heiligen Schrift ganz organisch entstanden. Der Festkreis des Kirchenjahres mit seinen zwar wechselnden, aber in Abständen wiederkehrenden Texten und Themen ist mir im Laufe der Jahre zum Lebensrhythmus geworden. Es ist mir geradezu ein Bedürfnis, das Kirchenjahr auch lyrisch auszuformen.«

Als Klepper geendet hatte, ergriff Bonhoeffer das Wort: »Ich hatte den Eindruck, dass Ihre wenigen Lieder sehr gut angekommen sind. Meiner Ansicht nach füllen Sie mit ihnen eine Lücke aus. Gerade im vergangenen Jahr habe ich mich auf der Suche nach Kirchenliedern bei Zinzendorf umgesehen. Seine Lieder wurden ja lange sehr verehrt, aber ich muss gestehen, dass sie mich immer unzufriedener machen. Ich bin mir nicht sicher, ob es der Frömmigkeitscharakter allein ist, wahrscheinlich hat ihnen die inzwischen vergangene Zeit nicht gut getan und, mit Verlaub, wir haben heute auch andere Wünsche an die dichterische Qualität.«

Die Kandidaten stimmten ihrem Lehrer lebhaft zu. Einer meinte etwas hochtrabend: »Diese drei Gedichte des Sonderdrucks haben genügt, um mich für Sie zu gewinnen. Ich möchte Ihnen dafür herzlich danken. Ob es das Kirchenjahreslied ist oder das, das mit den Worten beginnt: ›Der Herr ist nah‹, oder gar das Abendmahlslied zu Weihnachten, mich haben sie alle mit ihrer Schlichtheit und Ausdruckstiefe stark berührt. Ich wünschte mir einfach noch viel mehr davon!«

Klepper sah dankbar auf den Sprecher. Bescheiden bemerkte er nach einem Augenblick, dass ihn die Anerkennung wie auch der geäußerte Wunsch freue. »Nur«, schränkte er ein, »solche Gedichte kann man leider nicht machen, wie man die wiederkehrenden Arbeiten eines praktisch erlernten Handwerks versieht. Aber wem sage ich das? Sie alle haben es ja am eigenen Leibe verspürt und spüren es gewiss noch, dass es für den Beruf eines Pfarrers der Berufung bedarf. Ich war mir ihrer nicht sicher genug und habe darum kein Pfarramt angestrebt. Als geistlicher Lyriker stellt sich mir nun genau die gleiche Frage abermals.«

Wirklich hatte Klepper damit ein Stichwort in die Runde gegeben, mit dem alle vertraut waren. »Dieser Anspruch muss Verkündiger der Guten Nachricht immer in Frage stellen«, begann Bonhoeffer nachdenklich. »Das Problem hat wohl jeden von uns bereits während seines Studiums betroffen gemacht. Besonders in Finkenwalde haben wir miteinander immer wieder darüber gesprochen. Es ist wirklich äußerst wichtig, dass sich jeder seiner Berufung gewiss ist. Nur sollten wir diese Gewissheit auch nicht zu weit treiben und auf ganz außerordentliche Erfahrungen aus sein. Ich bin der festen Überzeugung, dass es bereits eine Berufung ist, wenn uns die Sache der Theologie gepackt hat und nicht mehr loslässt.«

Diesem Gedanken stimmten alle dankbar zu, nur Klepper wiegte seinen Kopf. Schließlich meinte er: »Das trifft auf mich ganz sicher zu, nur für die Kanzel einer Ortsgemeinde war es mir nicht genug.«

»Aber Herr Klepper«, sagte der Kandidat, der ihn wegen seines Romans am Anfang so stark in Frage gestellt hatte, »Ihrem Zweifel verdanken wir selbst unter den von Ihnen beschriebenen schwierigen Umständen nun die Bücher, Lieder und Gedichte, mit denen Sie so viel mehr Menschen erreichen.« Die Mienen und Gesten aller Beteiligten signalisierten Zustimmung zu diesem mutmachenden Gedanken.

»Im Kontext meiner Erlebnisse in diesen immer schwerer werdenden Tagen scheint mir aufgetragen zu sein, meine Gedichte ganz in der Buße zu schreiben, nicht über sie. Meine Vorbilder sind die Psalmisten und manchmal vergleiche ich mich, wenn ich an einem Gedicht arbeite, mit einem Ikonenmaler, der ja auch mit Pinsel und Farbe betet«, versuchte Klepper sein geistlich-künstlerisches Selbstverständnis zu erklären.

»Dürfen wir Sie bitten, uns etwas von dem vorzutragen, womit Sie sich gerade beschäftigen?«, wurde jetzt aus der Gruppe gefragt. Klepper ließ sich nicht lange bitten. »Der Übergang vom Ende des Kirchenjahres in den Advent hat mich zu einem Lied angeregt, das erst Mitte November fertig geworden ist«, nahm er den Vorschlag auf und fügte hinzu: »obwohl ich eigentlich ein Adventsmensch bin. Bevor aber die Erwartung des Neuen besungen werden kann, war es mir geradezu ein Bedürfnis von meiner recht behaglichen Häuslichkeit weg auf das ›ewige Haus‹ zu blicken. Am besten ist es, wir fangen mit diesem Gedicht an, das ich dem letzten Sonntag des Kirchenjahres gewidmet habe.«

Klepper erhob sich, trat an seinen Schreibtisch und zog ein Bündel loser Seiten hervor. Er blieb stehen und las den aufmerksamen Zuhörern das Gedicht vor, das mit der Strophe beginnt:

> Mein Gott, ich will von hinnen gehen,
> der Erdentag wird mir zu lang,
> die Tore deiner Stadt zu sehen,
> zu hören himmlischen Gesang.
> Vor deinem Angesicht zu stehn,
> das ist's allein, was ich ersehn'.

Kleppers leiser einfühlsamer Vortrag der weiteren sieben Strophen des Gedichts hatte ohne künstliche Heraushebungen die Gäste erreicht und tief beeindruckt. Dabei war es natürlich nicht die Stimme allein, sondern die anbetende Schau alles Vergänglichen im Lichte einer starken Hoffnung, die sich hier ausformte.

Nach dem Vortrag mochte niemand die entstandene Atmosphäre mit Worten zerstören. Auch Klepper hatte die beschriebenen Blätter zur Seite gelegt und steckte zunächst zwei neue Kerzen auf einen eben ausgebrannten Leuchter. Dankbar für die Gesprächspause, richteten sich alle Augen auf seine mit den Kerzen beschäftigten Hände. Als die Kerzen brannten, beendete Klepper die Stille mit der Bemerkung, dass er gerade an zwei weiteren Gedichten arbeite, die, noch unfertig, durchaus einige Hinweise aus dem Kreis der Zuhörer vertragen könnten. »Das werden Sie im Pfarramt ja bald kennenlernen«, meinte er, »dass man zwar im Kirchenjahr lebend, immer aber bereits das nächst bevorstehende Ereignis im Blick haben muss. Gerade in der Adventszeit schauen wir zu gern schon auf Weihnachten. So geht es auch dem einen der Gedichte, und das andere ist bereits ein Neujahrslied.«

In der erwartungsvollen Stimmung wurde freudiges Gemurmel vernehmbar. Klepper zog ein weiteres Blatt hervor und begann:

Die Nacht ist vorgedrungen,
der Tag ist nicht mehr fern ...

Tatsächlich bahnte sich bereits in der dritten Strophe dieses Gedichts der von Klepper erwähnte Übergang zum Weihnachtsgeschehen an, als er weiter zitierte:

Die Nacht ist schon im Schwinden,
macht euch zum Stalle auf!
Ihr sollt das Heil dort finden,
das aller Zeiten Lauf von Anfang an verkündet,
seit eure Schuld geschah.
Nun hat sich euch verbündet,
den Gott selbst ausersah!

Aber nicht das Geschehen im Stall von Bethlehem allein wurde in dieser und den weiteren Strophen besungen, sondern seine Heilsbedeutung, die in diesem Stall ihren Anfang nahm und in die tröstlich annehmende Botschaft von der Wiederkunft des Weltenkönigs zum Heil der Menschen mündet. Was aber war dies anderes als der thematische Aspekt des Advent?

Als Klepper geendet hatte, trat erneut eine Pause ein, in die hinein Bonhoeffer schließlich fragte, ob er das Klavier benutzen dürfe. »Ihre Worte regen mich zu einer kleinen

Improvisation an«, sagte er. Dem stand natürlich nichts im Wege und nun konnte das Gehörte in ganz spontanen Tönen und Harmonien, ja auch eingeschlossenen Dissonanzen ausklingen, die auf ihre Weise hörbar machten, dass Gott Licht in das Dunkel bringt und die Welt richtet, als belohne er sie, wie Klepper gerade vorgetragen hatte.

Immernoch war niemandem zum Sprechen zumute, doch dann drückte einer der jungen Männer aus, was alle dachten: »Bleiben Sie bitte am Klavier, Bruder Bonhoeffer, und lassen Sie uns auch in die altbekannten Adventslieder einstimmen.« Bonhoeffer ließ sich das nicht zweimal sagen und begann mit warmen Intonationen, so dass die stillen Hörer mit ihren Stimmen einfielen und bald ein Adventslied dem anderen folgen ließen.

Als das Repertoire der bekannten Texte verklungen war, griff jeder nach seiner Tasse oder ließ sich Tee aus den bereitstehenden Kannen eingießen. Bald darauf räusperte sich in die eingetretene Stille einer der jungen Gäste und meinte zum Hausherrn gewandt: »Herr Klepper, hatten Sie uns nicht noch ein Neujahrslied versprochen?«

Alle mussten über die Hartnäckigkeit lächeln, aber Klepper war gern bereit, weiter vorzutragen. »Zuvor möchte ich noch sagen, dass ich dieses Gedicht einem Freund und ehemaligen Kommilitonen und seiner Frau widmen werde. Es ist auch schon fast fertig, nur für den Schluss habe ich zwei Varianten, zwischen denen ich mich noch entscheiden muss. Da möchte ich Sie direkt einmal um Ihre Hilfe bitten.«

Wieder erhob sich Jochen Klepper und las schnörkellos sein Gedicht vor:

Der du die Zeit in Händen hast,
Herr, nimm auch dieses Jahres Last
und wandle sie in Segen.
Nun von dir selbst in Jesus Christ
die Mitte fest gewiesen ist,
führ uns dem Ziel entgegen.

Da alles, was der Mensch beginnt,
vor seinen Augen noch zerrinnt,
sei du selbst der Vollender!
Die Jahre, die du uns geschenkt,
wenn deine Güte uns nicht lenkt,
veralten wie Gewänder.

Wer ist hier, der vor dir besteht?
Der Mensch, sein Tag, sein Werk vergeht:
nur du allein wirst bleiben.
Nur Gottes Jahr währt für und für,
drum kehre jeden Tag zu dir,
weil wir im Winde treiben.

Der Mensch ahnt nichts von seiner Frist.
Du aber bleibest, der du bist,
in Jahren ohne Ende.
Wir fahren hin durch deinen Zorn,
und doch strömt deiner Gnade Born
in unsere leeren Hände.

Und diese Gaben, Herr, allein
laß Wert und Maß der Tage sein,
die wir in Schuld verbringen.

Nach ihnen sei die Zeit gezählt;
was wir versäumt,
was wir verfehlt,
darf nicht mehr vor dich dringen.

Der du allein der Ewige heißt
und Anfang, Ziel und Mitte weißt
im Fluge unserer Zeiten:
bleib du uns gnädig zugewandt
und führe uns an Deiner Hand,
damit wir sicher schreiten!

Atemlos hörten alle zu und blickten in die still brennenden Kerzen. Der Tiefgang dieser Worte, die die Last des Augenblicks ins Licht der Vergänglichkeit und Ewigkeit stellten und in die jeder Hörer seine Hoffnungen einbringen konnte, rührten sie ganz besonders an.

Nach Augenblicken stiller Besinnung war es erneut Bonhoeffer, der Klepper diesmal fragte, ob er schon eine Melodie dafür ausgewählt habe. Als er verneinte, meinte Bonhoeffer: »Mir scheint, es lässt sich nach der alten Melodie eines uns allen bekannten Liedes singen.« Wieder setzte er sich ans Klavier, bat um den Text und sang ihn nach der Melodie des Liedes »Kommt her zu mir, spricht Gottes Sohn ...«. Dann sprach er eine Strophe vor und alle stimmten ein, als er die Melodie wiederholte. Auf diese Weise erklangen nach und nach alle Strophen bis hin zum Schluss:

... bleib du uns gnädig zugewandt
und führe uns an deiner Hand,
damit wir sicher schreiten!

Sofort nach dem letzten Ton drängte einer aus dem Kreis der Brüder: »Sprachen Sie nicht von zwei verschiedenen Schlüssen, Herr Klepper?«

»Gut, dass Sie daran erinnern«, meinte Klepper erfreut und zitierte zu dem eben gesungenen Schluss aus dem Gedächtnis die andere Variante:

... laß – sind die Tage auch verkürzt,
wie wenn ein Stein in Tiefen stürzt –
uns dir nur nicht entgleiten!

Mit Eifer nahmen die Kandidaten die beiden Liedschlüsse auf. Texte zu prüfen und zu vergleichen, darin waren sie geübt. Die Nebeneinandersitzenden erwogen miteinander das Für und Wider, aber irgendwie gelangten sie nicht zu einer angemessenen Stellungnahme. Beide Formen schienen ihnen inhaltlich passend. Vielleicht minderte auch der weit fortgeschrittene Abend das Urteilsvermögen. Oder wollte man dem Dichter einfach nicht wehtun? Dafür war das Gesamturteil aber umso eindeutiger: Klepper solle die Gedichte bei einem geeigneten Verlag herausbringen – unbedingt, wie sie betonten.

Mit einem Blick auf die Uhr wies Dietrich Bonhoeffer bald darauf auf den letzten Zug hin, den sie auf jeden Fall noch erreichen müssten, und bat Klepper dafür um Verständnis. »Die verbleibenden Minuten könnten wir uns noch an Ihren Hausaltar stellen«, schlug er zu ihm gewandt vor, »und diesen wunderbaren Abend mit einer kurzen Andacht beenden.« Diesem Vorschlag, der auch wegen der kurzen verbleibenden Zeit gleich in die Tat umgesetzt werden musste, stimmten alle gern zu und erhoben sich von ihren Plätzen. Als man etwas gedrängt einen Halbkreis gebildet hatte, eröffnete Bonhoeffer das Nachtgebet: »Im Namen des Vaters und des Sohnes und des Heiligen Geistes.« Er schlug vor, Fürbitte zu halten, für dieses Haus mit seinen Bewohnern ebenso wie für die 27 Finkenwalder, die um des Evangeliums willen, wie Bonhoeffer es ausdrückte, in Haft waren.

Ein Betrachter, der vielleicht in diesem Moment Gelegenheit gehabt hätte, durch ein Fenster in diesen von Kerzen erhellten Raum mit den betenden jungen Männern zu blicken, hätte unschwer über aller Verschiedenartigkeit der beiden Protagonisten Dietrich Bonhoeffer und Jochen Klepper die Gemeinsamkeit des »Christus als Gemeinde existierend«, wie Bonhoeffer es formuliert hatte, entdeckt, das »Kyrie« anstimmend, das Klepper als Titel über sein Gedichtbändchen schrieb, als er es bald darauf dem Eckart-Verlag in Berlin übergab ...

## Credo-Sätze, Juni 1942

Jochen Klepper hatte kein Auge für die sommergrünen Straßenbäume, unter deren Schatten er zum Gebäude der Passbehörde unterwegs war. Er wollte keinen Weg scheuen, um seine Tochter Renate durch die Ausreise in ein anderes Land vor der Last und dem tödlichen Irrsinn des Rassenwahns zu schützen, wie es bei ihrer Schwester Brigitte glücklich gelungen war. Aber deren Übersiedlung nach England lag bereits drei Jahre zurück. Seitdem waren das tägliche Leben für Juden sowie alle Bemühungen um eine Ausreise so viel schwieriger geworden. Immer wieder gingen ihm die gleichen Gedanken durch den Kopf. Wie schön war es trotz allem gewesen, wenigstens das eine Kind noch zu Hause zu haben. Aber nun musste es sein, Versäumnisse waren lebensgefährlich. Die Sache duldete keinen Aufschub mehr. Kein Wunder, dass er nicht auf die grünen Bäume achtete, sondern allein auf die Nummern der Hauseingänge.

Als er nach der Anmeldung in die erste Etage des Passamtes gelangt war und auf einem Stuhl im Foyer Platz genommen hatte, bemerkte er, wie die vielen dort anwesenden Besucher bemüht waren, betont unauffällig und alltäglich zu wirken. Wahrscheinlich aber waren sie ebenso mit ihren Gedanken beschäftigt und verbargen nur mühsam vor den anderen die Mischung aus Angst, Traurigkeit, Hilflosigkeit und Wut, wie er selbst ja auch. Die an den dunkel getäfelten Wänden stehende Reihe der Stühle wurde nur von Türen zu den Amtsräumen unterbrochen. Beamte, zumeist in Uniform, durchquerten hin und wieder von Tür zu Tür den Raum und in längeren oder kürzeren Abständen wurde einer der Wartenden mit Namen aufgerufen. Kam er dann aus der entsprechenden Tür wieder heraus, meist mit auf den Boden gesenktem Blick, wurde der nächste vorgelassen. Kaum unterhielt sich jemand mit seinem Nachbarn, was sich beim Warten angeboten hätte, und wenn doch, wurden die wenigen Worte geflüstert. Klepper war es lieb, dass niemand Notiz von ihm nahm. So konnte er seinen eigenen Gedanken nachhängen. Dabei wurde er durch die Uniformierten, die den Wartesaal auffällig gerade und zackig durchschritten und nach angedeutetem Klopfen hinter einer der Türen verschwanden, unwillkürlich an seine eigene Soldatenzeit erinnert.

Es war ihm eine Ehre gewesen, den Waffenrock anzuziehen. Wenn das Vaterland in Gefahr war und die Obrigkeit rief, gab es nur den Gehorsam. Gewiss war das Leben unter Soldaten für ihn eine Qual gewesen. Aber wie hätte gerade er als jemand, der mit einer Jüdin verheiratet war, also nach den neuen Sprachregelungen in Mischehe lebte, seine Loyalität besser beweisen können? Seine unmittelbaren Vorgesetzten hatten ihn geschätzt, nicht so sehr als kämpferischen Soldaten, aber als Autor seines großen Buches »Der Vater«. Dankbar war er gewesen, dass er bald nach der Ausbildung das Gewehr wieder mit Papier und

Schreibgerät tauschen durfte. Aber dann – es durchfuhr ihn immer wieder, wenn er daran dachte – kam schon bald die unehrenhafte Entlassung aus dem Heer. Die nichtsahnenden Kameraden waren der Meinung, er würde zum Offizier befördert, als er sie verließ. Stattdessen war er Anfang Oktober des vergangenen Jahres wieder zu Hause eingetroffen, als Zivilist, während seine bisherigen Kameraden zu einem gefährlichen Feldzug befohlen wurden.

Man hatte ihn trotz aller ehrlichen Bereitschaft auf bösartige Weise geradezu gezwungen, die Seiten zu wechseln. Vielleicht war er so noch rechtzeitig nach Berlin zurückgekehrt, um nun, nachdem sein Opfer nicht angenommen worden war und er durch seinen Einsatz die Obrigkeit nicht zur Toleranz gegenüber den Seinen hatte bewegen können, direkt für sie zu kämpfen. Darum war er noch im Oktober bei dem Reichsinnenminister Frick persönlich vorstellig geworden. So gut war sein Name als Autor eines wichtigen Buches noch immer, um wenigstens vorgelassen zu werden. Frick hatte bei dieser Zusammenkunft gequält gewirkt und ihm wenige Tage danach durch seinen persönlichen Referenten schriftlich bestätigen lassen, dass Renate derzeit nicht mit ihrer Evakuierung rechnen müsse. Was war das anderes gewesen als eine Galgenfrist? Die Familie hatte sie genutzt, um ihre Kontakte nach Schweden zu intensivieren, die es Renate ermöglichen sollten, dort aufgenommen zu werden. Nun war ein Brief mit der Zusage eingegangen und er wollte heute endlich den Antrag stellen.

Nebenan wurde geflüstert. Zwei offenbar nur wenig miteinander bekannte Besucher tauschten sich aus.

Trotzdem er in Gedanken versunken war, verstand Klepper, dem das Besprochene leider nur zu vertraut war, worum es ging. Seit der Wannseekonferenz vom Januar wurde den jüdischen Verwandten, für die die meisten wohl hier waren, das Leben zur Hölle gemacht und jeder musste in jedem Moment mit seiner Deportation rechnen. Große Plakate kündigten an, dass die Wehrmacht die Waffen nicht eher aus der Hand legen werde, bis »der Jude« vernichtet sei. »Wehrmacht« und »Jude« in dieser Weise in einem Atemzug zu nennen, war neu. Hitler selbst hatte das Oberkommando der Wehrmacht übernommen und verdiente Generäle verdrängt. Ebenso war Himmler, der Vollstrecker an den Juden, drauf und dran, Fricks Platz einzunehmen.

Die Wortfetzen verdunkelten auch das hoffnungsvolle Licht an Kleppers Horizont. Zu welch lächerlichen Reaktionen führte dieser unheimliche Druck, unter dem die Juden und all ihre Angehörigen und Freunde jetzt lebten. Voll Scham erinnerte sich Klepper, wie er in seiner Not sogar eine Hellseherin aufgesucht hatte. Zu welch verzweifelten Gedanken, Reaktionen und Taten würde diese Lage ihn noch treiben? Aber die letzte Hoffnung, die ihn in dieses Haus geführt hatte, wollte er sich unter keinen Umständen nehmen lassen.

Über all diesen trüben Gedanken hörte er plötzlich seinen Namen. Er hob den Kopf und erblickte an einer der Türen einen Uniformierten, der ihn offenbar zum Eintreten aufgerufen hatte. Sofort stand er auf und bemerkte, wie seine Hände schweißnass wurden. Er nahm seine Mappe und schritt auf die Tür zu.

In dem spärlich möblierten Amtsraum, den er daraufhin betrat, hämmerte eine Sekretärin an einem kleinen Tisch vermutlich die Nachschrift des Gesprächs mit dem vorigen Besucher in ihre Schreibmaschine. Der Uniformierte nahm hinter einem frei im Raum stehenden Schreibtisch Platz und wies Klepper einen Stuhl davor an. Das unvermeidliche Hitler-Porträt schaute aus grimmigem Profil mit einem Auge auf die Vorgänge im Zimmer. Klepper wurde auffallend korrekt aufgefordert, sein Begehren vorzutragen. Nach wenigen Worten zu seiner Person teilte er mit, dass er für seine Tochter vorspreche. »Wir haben sehr gute, langjährige Freunde in Schweden, die unsere Tochter zu sich einladen wollen. Da sie wegen ihrer Arbeitsverpflichtung nicht selbst kommen kann, möchte ich alle Formalitäten für sie erledigen, soweit das möglich ist«, sagte er.

Der Beamte betrachtete die vor ihm liegenden Unterlagen und fragte ohne aufzusehen: »Wie alt ist denn das Kind?«

»Sie ist am 5. März 1922 geboren, also gerade 20 Jahre alt geworden«, antwortete Klepper gehorsam.

Der Uniformierte kramte in einem der Schubfächer, fragte aber noch einmal nach, ob es sich bei Kleppers Begehren um eine Besuchsreise oder eine dauernde Ausreise handle. Klepper war sich unsicher, welche die bessere Antwort sei, um an sein Ziel zu kommen. »Ich könnte mir vorstellen«, sagte er, »dass sie nach einem Besuch in Schweden selbst entscheiden wird, ob sie einmal dort bleiben möchte.«

Der Beamte zog ein Formular aus seinem Schreibtischfach, legte es vor sich hin und bemerkte dazu: »Ich brauche für die Beantragung eines Passes den Ausweis Ihrer Tochter.« Klepper entnahm diesen seiner Mappe und legte ihn geöffnet und für den Beamten lesbar auf den Schreibtisch. Dieser überflog die Eintragungen und fragte: »Haben Sie sich nicht als Herr Klepper angemeldet? Der Ausweis ist doch auf Renate Sara Henriette Eleonore Stein ausgestellt?«

Klepper erklärte, dass es sich um seine adoptierte Tochter handle, die ihren Geburtsnamen behalten habe und Jüdin sei. Der Beamte schaute von dem Ausweis auf und musterte Klepper. »Hatten Sie nicht auch eben eine Einladung erwähnt?«, fragte er weiter. »Die brauche ich natürlich auch, ebenso ein Führungszeugnis, das noch beim Berliner Polizeipräsidium einzuholen ist. Es wäre auch gut, wenn Sie eine schriftliche Zusage der schwedischen Botschaft vorlegen könnten.«

Klepper teilte dem Beamten mit, dass die förmliche Einladung noch unterwegs sei und er sie dem Antrag selbstverständlich beifügen werde, wie auch das Führungszeugnis und das Botschaftspapier.

»Dann gebe ich Ihnen diesen Antrag jetzt mit«, sagte der Beamte. »Abgeben muss ihn Ihre Tochter zusammen mit den anderen Unterlagen aber persönlich.« Nach dieser dringlich gemachten abschließenden Information stand er auf und deutete damit an, dass der Vorgang für ihn erledigt sei. Auch Klepper erhob sich sofort und steckte Ausweis und Antrag in seine Mappe. »Sie können mir gleich den Nächsten hereinrufen«, verabschiedete der Beamte Klepper und nannte ihm noch den betreffen Namen.

Nachdem Klepper vor der Tür auch diesen Auftrag hinter sich gebracht hatte, atmete er auf, verließ eiligen Schrittes den Wartesaal und wollte gerade die Treppe hinuntergehen, als ihm von oben ein Mann ebenso schnell entgegen kam. Beide versuchten ihr Tempo zu bremsen, um nicht zusammenzustoßen und sahen sich dabei zwangsläufig an. Da hellten sich die Gesichter beider auf. Sie mussten zur Seite treten, um anderen Besuchern nicht im Wege zu stehen, gingen an das Treppenfenster und reichten einander die Hand.

»Guten Tag, Herr Klepper«, begrüßte Dietrich Bonhoeffer sein anfangs außerordentlich überraschtes Gegenüber. Klepper, der noch immer in Gedanken mit seinem Versuch, Renate zur Ausreise zu verhelfen, beschäftigt war, konnte sich zunächst nicht vorstellen, was Bonhoeffer in dieses Haus führte. Darum fragte er auch sofort nach dem Händeschütteln: »Wollen Sie auch Deutschland verlassen, Herr Dr. Bonhoeffer?«

Dieser winkte lächelnd ab und meinte umsichtig: »Kommen Sie, gehen wir an die frische Luft!«

Obwohl seit dem Abend der Kandidaten des Sammelvikariats im Hause Klepper beinahe fünf Jahre vergangen waren und das jetzige Treffen beide völlig unvorbereitet traf, verwandelte sich ihre Überraschung schnell in Freude, als sie zusammen dem Ausgang zustrebten.

Draußen beantwortete Bonhoeffer beruhigend die ihm gestellte Frage: »Nein, ich will Deutschland nicht verlassen. Kurz bevor der Krieg begann, habe ich einen für längere Zeit geplanten Amerikaaufenthalt bereits nach reichlich vier Wochen abgebrochen und bin nach Hause zurückgekehrt. Auch wenn es verlockend erschien, vor dem Krieg Reißaus zu nehmen, vermochte ich unser Volk und besonders all unsere Schwestern und Brüder in dieser schweren Zeit nicht im Stich zu lassen. Ein kurzes Bibelwort hat sich mir eingebrannt. Beim Propheten Jesaja lesen wir einmal, wie er auf den von Gott gesetzten Eckstein verweist. Der Epheserbrief des neuen Testamentes erkennt ihn später in Jesus Christus. In diesem Zusammenhang folgt bei Jesaja der kurze Satz: ›Wer glaubt, der flieht nicht.‹ Der hat mich ins Herz getroffen.«

Klepper schaute ihn verwundert an und fragte: »Aber was führt Sie dann hierher?«

»Das ist eine andere Geschichte«, entgegnete Bonhoeffer. »Was halten Sie davon, wenn wir ein paar Schritte gehen? Gleich um die Ecke gibt es eine Parkanlage, vielleicht finden wir sogar eine Bank im Grünen.«

Klepper, für den Begegnungen mit angenehmen Gesprächspartnern immer seltener wurden, nahm das Angebot dankbar an. Schnell ins Gespräch vertieft, schritten die beiden Herren nebeneinander her, überquerten eine Straße und befanden sich bald auf den Wegen eines kleinen Parks. Hier gingen sie langsam weiter.

»Wie es Ihnen geht, wage ich kaum zu fragen«, bemerkte Bonhoeffer und setzte hinzu, »seit die Juden in unserem Land den gelben Stern tragen müssen, habe ich oft an Sie, Ihre Frau und Ihre Töchter gedacht.«

Klepper winkte mit der freien Hand still ab und fand keine Worte. Darum fuhr Bonhoeffer fort: »Ich kann mir schon denken, was Sie in das Haus der Passbehörde führt. Ich habe aus anderen Gründen und in einer anderen Etage gelegentlich dort zu tun.« Etwas verlegen blickte er Klepper an und sagte: »Ich bin jetzt viel unterwegs und versuche, meine ökumenischen Kontakte für unser Vaterland zu nutzen. Ich war in der Schweiz und komme gerade aus Schweden. Hier im Hause war ich wegen einer Reise nach Italien, die in wenigen Tagen geplant ist.«

Klepper sah ihn nach diesen Worten ungläubig an. »Hat man Sie nicht zum Militär eingezogen?«, fragte er verunsichert.

»Mit dem Militär hat es auch zu tun«, gab Bonhoeffer leise zu. »Wie kann ich Ihnen das nur erklären?«, überlegte er laut. »Herr Klepper, in diesen merkwürdigen Zeiten ist es gut, nicht alles zu wissen, aber soviel will ich Ihnen sagen, vom Glauben an Christus her fühle ich mich gerufen, dem Bösen zu widerstehen.«

Als Klepper die Stirn runzelte und Bonhoeffer zunehmend verstört ansah, fuhr dieser fort: »Wir müssen aus den Bemühungen unserer Kirche nun hinaustreten und viel mehr wagen. Ich meine zwar längst, dass man überhaupt nur gregorianisch singen darf, wenn man gleichzeitig laut für die Juden schreit. Aber nun gilt es für mich, dem Rad selbst in die Speichen zu fallen und mich nicht darauf zu beschränken, die überrollten Opfer zu verbinden. Ich arbeite für eine einflussreiche militärische Gruppe Gleichgesinnter, die ich nicht näher bezeichnen will. Es ist uns tatsächlich gelungen, einige Juden ins Ausland zu bringen. Jetzt aber wird die Entmachtung Hitlers mit jedem Tag dringlicher, ehe er Deutschland in der ganzen Welt verhasst macht und gleichzeitig völlig zugrunde richtet. Aber leider genügt es längst nicht mehr, den Tyrannen zu beseitigen.«

Klepper drehte sich bei diesen unerwartet scharfen Worten scheu um und schaute in alle Richtungen. Bonhoeffer fügte nicht minder vorsichtig, aber gelassen hinzu: »Zugleich brauchen wir Verbindung zu den Alliierten, damit sie ihre Kampfhandlungen einstellen, sobald der Grundböse überwunden ist. Aber eins der Vorhaben ist so schwer wie das andere. Der Tyrann scheint unangreifbar und die Alliierten glauben uns nicht. Sie wollen Beweise.«

Beide waren stehen geblieben. Während Bonhoeffer über diesen Worten geradezu visionär und aufrecht wirkte, schien Klepper zusehends kleiner geworden zu sein. Er hatte sich auf eine unbeschreibliche Weise in sich selbst zurückgezogen. Bonhoeffer bemerkte das und wies auf eine in der Nähe stehende leere Parkbank: »Setzen wir uns doch einen Augenblick«, schlug er vor. Klepper machte gern davon Gebrauch und sank sitzend weiter in sich zusammen.

»Trotz allem«, versuchte Bonhoeffer ihn positiv zu stimmen, »schauen Sie, wie schön die Welt noch immer ist.« Mit beiden Händen wies er auf das frische Grün der Wiese und der umstehenden Bäume. »Außerdem«, vertraute er dem kaum mehr wahrnehmbaren Klepper in einer nicht zu bremsenden Redseligkeit an, »habe auch ich ein Auge auf meine ›Katharina von Bora‹ geworfen, nur dass die Maria heißt.«

Es war Bonhoeffer gelungen, aus all dem Bedrängenden und dem bitteren Ernst dieser Tage und des eben geführten Gesprächs, Gedanken zur Sprache zu bringen, die ihm ebenso wichtig waren, aber sein Herz weit werden ließen. Ihm war nur zu bewusst, dass das eine mit dem anderen lebensnotwendig und unlösbar verbunden war.

Als er eine Weile geschwiegen hatte, beunruhigte ihn die bisher ausgebliebene Reaktion seines Gesprächspartners. Er wandte sich dem schweigenden Klepper zu. Dieser schien seinen Worten durchaus gefolgt zu sein, war aber gerade davon immer tiefer betroffen und niedergedrückt. Bonhoeffer drängte ihn nicht. Einige Zeit saßen sie beide, jeder seinen Gedanken nachgehend, still nebeneinander.

Endlich räusperte sich Jochen Klepper: »Es ist zu viel geschehen seit unserem gemeinsamen Nachtgebet damals im Advent«, sagte er dann leise. »Anderthalb Jahre später, Anfang Mai 1939, haben wir uns von unserer älteren Tochter Brigitte trennen müssen. Bis zum Schiff nach Hamburg haben wir sie gebracht. Seitdem lebt sie, vor Verfolgung sicher, in England. Allerdings gibt es nun im Krieg überhaupt keine Verbindung mehr dahin, weder Anrufe noch Briefe sind möglich.«

Bonhoeffer erinnerte sich gut an das Mädchen, das die Begebenheit mit den Puppen und Stofftieren am Adventsabend zum Besten gegeben hatte. »Dann leben Sie jetzt also nur noch zu dritt in ihrem schönen Haus«, stellte er mitfühlend fest.

Klepper schüttelte den Kopf. »Das Haus, an das Sie denken, gibt es nicht mehr. Es musste ganz plötzlich nach einem neuen Generalbebauungsplan Berlins einer Straße weichen. Aber wir haben uns davon nicht lähmen lassen. Kurz vor Beginn des Krieges haben wir noch einmal gebaut, diesmal in Nikolassee. Wenige Tage nach dem Abschied von Brigitte, am 22. Mai 1939, sind wir in der Teutonenstraße Nr. 23 eingezogen«, sagte Klepper und seine Stimme hatte dabei einen müden Klang. »Dieses Haus ist beinahe noch schöner geworden, aber zwei seiner Bewohner müssen den gelben Stern an der Kleidung tragen und Brigitte fehlt uns sehr.«

Nach einer kurzen Pause fuhr er von selbst fort: »Wie Sie von mir wissen, vertraue ich darauf, dass auch unsere Regierung, wie alle Obrigkeit, von Gott ist. Die Fürbitte für sie habe ich sehr ernst genommen und wirklich ernsthaft gemeint, an Hitler Zeichen für diese neutestamentliche Wahrheit zu entdecken. Erinnern Sie sich, als Hitler noch 1940 in einer ganz gewandelten Sprache drei Tage lang das Läuten der Kirchenglocken anordnete? Ich habe seine Worte noch im Kopf. Er sprach davon, dass sich der Glockenklang mit den Gebeten vereinen möge, mit denen das deutsche Volk seine Söhne von jetzt an wieder begleitet. Mit großer Freude haben wir damals gefeiert, dass sich unsere jüngere Tochter Renate ganz ohne Druck, allein durch das Vorbild gelebten Glaubens, im Juni 1940 zur Taufe entschlossen hat. Ja, zeitweise habe ich wirklich gemeint, dass die deutschen Siege einer Art göttlichen Gerichts über die Völker gleichkommen und Europa einen werden. Da wollte ich nicht fern stehen und habe es Ende 1940 als meine Pflicht angesehen, den Waffenrock anzuziehen. Ich war der festen Überzeugung, mich für eine große Sache einzusetzen und auch dem Führer trotz meiner Ehe mit einer, zwar bereits 1938 getauften Frau, aber nach jetzt geltender Ansicht wegen ihrer Herkunft einer ›Jüdin‹, meine vollständige Loyalität zeigen zu können. Diese Haltung wird mir immer schwerer. Als wehrunwürdig bin ich wegen unserer Ehe nach einem dreiviertel Jahr aus dem Heer entlassen worden. Und wenn ich es damals im Herbst 1941 noch immer nicht wahrhaben wollte, hat mich die Wannseekonferenz in diesem Januar vollständig ernüchtert.«

Bonhoeffer hörte schweigend zu, was Klepper half, seine bitteren Erlebnisse auszusprechen. »Sogar die Kirche hat die Mitgliedschaft der getauften Juden in der Folge der Wannseekonferenz gelöst. Das kann auch ich nur als eine ganz falsche politische Unterordnung ansehen, die gegen die geistliche Wirksamkeit der Taufgnade steht«, fügte er hinzu und schaute nun erwartungsvoll den von der Universität vertriebenen Privatdozenten der Theologie an.

Bonhoeffer dachte noch über das Gehörte nach, spürte aber die Erwartungshaltung Kleppers und antwortete: »Was Sie da in Ihrer Familie, ja quasi am eigenen Leib erleben, bedrückt mich tief. Denn gerade in diesen Tagen gibt es zwischen den Deutschen Christen und der Bekennenden Kirche eine theologische Auseinandersetzung über die Taufe. Ich wurde um ein Gutachten gebeten und musste es, unter Zeitdruck und ohne gute theologische Bücher zur Verfügung zu haben, anfertigen. Aber an der Aberkennung der Mitgliedschaft Getaufter aus rassischen Gründen geht diese Auseinandersetzung völlig vorbei. Es ist lediglich ein Streit um die Kindertaufe. Die Amtskirche besteht auf Zuchtmaßnahmen, wenn die Taufe im Säuglingsalter nicht vorgenommen wird. In der Bekennenden Kirche werden dagegen Stimmen laut, die eine Freigabe der Erwachsenentaufe wünschen. Ich habe in meinem Gutachten eher für eine Freigabe der Kindertaufe votiert. Die Taufe der Säuglinge, so groß und einmalig ihr Geschenk ist und so sehr ich sie befürworte, braucht unbedingt die Begleitung durch eine sie mittragende intakte Gemeinde. Denn die Taufe in den Tod Jesu bewirkt nun einmal die Mitgliedschaft in der Gemeinde, die für immer gilt. Und nun muss ich hören, dass die Gemeinde einen dieser Lebensbezüge, nämlich den Rassenwahn Hitlers, zum Anlass nimmt, sich von getauften Gliedern zu trennen. Nein, eine geistliche Entscheidung ist das nicht ...« Er senkte die Stimme, um kurz danach in einem wieder sicheren Tonfall fortzufahren: »Genau darum, Herr Klepper, fühle ich mich zum Widerstand geradezu herausgefordert und gezwungen.«

»Es ist seltsam«, nahm Jochen Klepper nun den Gesprächsfaden wieder auf, »welche Wirkung die Obrigkeit, die nach der Bibel mit Recht Gewalt über mich hat, durch ihre Rassenverfolgung und den Kriegsverlauf ausübt. 1936 habe ich selbst die in Berlin stattfindenden Olympischen Spiele bedichten können. Jetzt bin ich längst nicht einmal mehr zu geistlichen Versen in der Lage. Einer Arbeitsverpflichtung habe ich mich durch eine Pro-forma-Anstellung bei einem Verlag hoffentlich endgültig entzogen. Krampfhaft arbeite ich an einem Roman um Katharina von Bora, deren Ehe mit Luther wir, wie sie selbst vorhin andeuteten, Pfarrfamilie und Pfarrhaus verdanken. Ich habe ihm den Titel ›Das ewige Haus‹ gegeben. Aber die Arbeit schreitet nur zögerlich voran. Meine Enttäuschung über die Obrigkeit, deren politischen und geistlichen Einfluss ich eigentlich gar nicht trennen will, spornt mich in diesen Tagen an, die Verantwortung für die Meinen selbst zu übernehmen. Darum bin ich ja heute auf dem Amt gewesen. Ich will meinen Teil, Renate das Leben zu retten, tun, so gut ich kann. Der Alltag für sie und für meine Frau, die ich jetzt manchmal nach Luthers Katharina zärtlich ›Bore‹ nenne, ist nicht mehr zu ertragen. Mit dem Stern gezeichnet dürfen sie keine Verkehrsmittel mehr benutzen, von Theater oder Schwimmbad ganz abgesehen, ja, sie dürfen überhaupt nur noch täglich eine einzige Stunde einkaufen, dabei sind sie dienstverpflichtet und zittern Tag und Nacht vor der drohenden Deportation. Dennoch wächst bei mir gerade aus der Ohnmacht, die ich erleide, die Gewissheit, dass wir uns immer Christus in die Arme werfen können. Hier finde ich die Lösung aus meinem Glauben, der Sie zu so ganz anderen Konsequenzen führt.«

Bonhoeffer blickte ihn nach diesen Worten, mit denen er seine ganze Betroffenheit bezeugt hatte, liebevoll an. »Lassen Sie uns einen Augenblick schweigen«, schlug er vor und schaute, als Klepper zustimmend nickte, auf die von leichtem Wind bewegten Blätter vor sich.

Klepper richtete sich nach einigen Minuten, in denen nur der Straßenlärm gedämpft zu ihnen herüberdrang, deutlich auf und fragte Bonhoeffer: »Was meinen Sie zu einem Gedanken, der es mir ermöglicht, Ihre Schlussfolgerungen neben die meinen zu stellen?« Bonhoeffer sah ihn fragend an. »Ich denke da an eine alte Legende, die das Apostolische unseres Glaubensbekenntnisses zu erklären versucht.« Klepper sprach vor sich hin, als ob er den Gedanken erst beim Sprechen entwickle und fuhr fort: »Ich empfinde diese Legende irgendwie als rührend, wenn auch naiv, aber zugleich bei aller beabsichtigten Grenzziehung der einzelnen Sätze des Credo wie einen gelungenen Anflug von Toleranz. Sie wissen doch, dass dort erzählt wird, wie sich die Apostel, die Augenzeugen des Jesusgeschehens, miteinander berieten, als sie schon bald die ursprünglich von Jesus gemeinten Inhalte in Gefahr geraten sahen. Bei ihren Bemühungen um die reine Lehre stellte es sich jedoch heraus, dass nicht einmal die Zwölf selbst den Kern des Glaubens übereinstimmend benennen konnten. Sie erlagen aber weder einer diktatorischen Idee noch der demokratischen. Weder unterstellten sie sich dem, was etwa Petrus für das Wichtigste hielt, noch stimmten sie über ihren Glauben ab. Vielmehr heißt es, sie seien mit der Aufgabe auseinander gegangen, in der Stille jeder einen kurzen Satz zu formulieren, den er persönlich für unverzichtbar hielte. Als sie nach der verabredeten Zeit wieder zusammenkamen und die Sätze verglichen, hatte jeder einen anderen formuliert. Unter der Führung des Heiligen Geistes beschlossen sie nun gemeinsam, alle Sätze stehen zu lassen und zum gemeinsamen Glaubensbekenntnis zu verbinden. Denn sie spürten, dass erst diese Sätze zusammen den Extrakt ihres gemeinsamen Glaubens an Jesus Christus ergaben, also dem, was ihrer Meinung nach darüber zu lehren sei. Darum, so heißt es in der Legende, wird unser Glaubensbekenntnis das Apostolische genannt.«

Bonhoeffer, der aufmerksam zugehört hatte, musste zum Schluss lächeln, ahnte aber wohl erst sehr vage, worauf sein Gesprächspartner hinauswollte. Als Klepper dies in seiner Mimik bemerkte, zögerte er nicht, seine Schlussfolgerung anzufügen: »Haben Sie und ich nicht auch aus dem gleichen christlichen Glauben, aus dem festen Vertrauen in Jesus Christus, sehr unterschiedliche Konsequenzen gezogen? Ich bemerke, wie mir eine Lebensgrundlage nach der anderen aus der Hand genommen wird und folgere daraus, dass es nicht nur ein verantwortliches Handeln gibt, sondern auch ein verantwortliches Erleiden. Die dritte Bitte des Vaterunsers kann aktiv das Tun des Gotteswillens bedeuten, passiv aber, diesen Willen auch geschehen zu lassen. Wenn es aus Gottes Hand kommt, ist es für mich stets ein Weg zur Freiheit. So bemerke ich immer öfter, bei aller auferlegten Einschränkung und seelischen Not, dass Leiden und Erleiden nicht allein Passivität sind. Es wird mir zu einer Glaubenswirklichkeit, die meine Persönlichkeit ergreift. Wer mir das vorwerfen wollte, müsste mir meine Persönlichkeit vorwerfen. Dass ich ihn leidend lobe, das ist es, was er begehrt.« Klepper schwieg, um danach fortzufahren: »Außerdem lernen wir Gott in unseren Tagen nicht von vornherein als den Allmächtigen kennen, wie es die Apostel noch meinten festhalten zu müssen, sondern als einen, der in Ohnmacht mit uns leidet, wie sein Sohn am Kreuz, was allerdings die Apostel auch nicht verschwiegen.«

Bonhoeffer war viel zu sehr in den praktischen Wettlauf einbezogen, der das Regime stoppen und entmachten wollte, als dass er diesen devoten Gedanken kritiklos zustimmen mochte. Aber irgendetwas ließ ihn zögern. Nein, diese Konsequenz konnte er nicht teilen. Aber der ehrlichen Offenlegung Kleppers mochte er auch nicht widersprechen. Zaghaft, wie es sonst seine Art nicht war, versuchte er sich damit anzufreunden, dass Kleppers grundsätzlich andere Entscheidung aus dem gleichen Glauben, im Vergleich mit der erzählten Legende, dessen persönlicher Satz zur Polyphonie des Gotteslobes sein könnte.

Als er diese Gedanken äußerte und Klepper ihn dankbar anschaute, gab er allerdings zu bedenken: »In Ihren Überlegungen vermisse ich die Einbeziehung der Schuldfrage. Ich fürchte mich vor der alleinigen Erwartung einer billigen Gnade. Ihnen in Ihrer besonderen Situation will ich das nicht unterstellen, aber für mich würde das gelten.«

Klepper schüttelte den Kopf: »Warum tun Sie sich so schwer damit, dass jeder seinen Satz sagen darf und wir damit dennoch gemeinsam Gott loben? Sie wissen doch wie ich, dass wir nicht ohne Schuld durch unser Leben kommen. Wer das ernsthaft meint, würde das Kreuz

Christi für überflüssig erklären. Ich aber fühle mich vor allem dort geborgen.«

Für Klepper schien damit das Gespräch beendet zu sein, während in Bonhoeffer die Gedanken weiterarbeiteten. Immer mehr Wahrheit entdeckte er in Kleppers Ansicht, wenn er darüber nachdachte. Es galt, eine Entscheidung zu treffen. Das hatten sie offenbar beide getan. Der Frage der Schuld wollte er nicht ausweichen, aber das Urteil würde Gott sprechen. Er musste an einen Ausspruch Blumhardts denken, der dem Sinne nach sehr tröstlich darauf hingewiesen hatte, dass Jesus nicht gekommen sei, um die Welt hinzurichten, sondern um sie herzurichten und wer nicht an Gottes Allversöhnung glaube, sei »ein Ochs'«. Er hatte sich das gut gemerkt, weil ihm gerade als Lehrer der Kirche Blumhardts dialektisches Achtungszeichen wichtig geworden war, mit dem das Zitat endete: »wer sie aber lehre, sei ein Esel ...«

## Der Herr ist unablässig nah, 12. Dezember 1942

Zu Beginn des Krieges schien das bis dahin normale Leben zunächst eine einzige Ausnahmesituation zu sein. Aber mit der Zeit stellten sich notgedrungen dem früher üblichen Ablauf ähnliche Formen ein. Auch wenn diese ständig durch neue Meldungen und Veränderungen, zuerst von Siegen, später immer öfter durch schmerzhafte Einschnitte neuer Regelungen durchbrochen wurden, folgten die Jahreszeiten einander wie gewohnt und mit ihnen sogar die Feste. Wie man sich im Sommer anders kleidet als im Winter, so selbstverständlich wurde auch gestritten, gelacht, geliebt, wenn auch ungleich mehr gestorben und geweint als früher. Darüber wurde es auch im Jahr 1942 wieder Advent.

Neben den konspirativen Aufgaben, die Dietrich Bonhoeffer für die Abwehr übernommen hatte und zu denen hauptsächlich plötzliche und sehr unterschiedliche Reisen gehörten, arbeitete er zugleich an ganz konkreten Überlegungen, wie es unmittelbar nach dem Sturz Hitlers in der Kirche weitergehen sollte. Kanzelabkündigungen und Personalentscheidungen zum Austausch von Amtsträgern galt es in den Entwürfen sorgfältig und rechtzeitig vorher zu bedenken. Zum ersten Mal teilte Bonhoeffer, der sonst alle Arbeit mit ganzem Herzen betrieb, diese mit starken Gefühlen für Maria von Wedemeyer, die er sich zur Frau wünschte. Der Kontakt zu ihrer Familie, der sich über Marias Großmutter ergeben hatte, war durch den plötzlichen Fronttod ihres Vaters im August unter Schmerzen vertieft worden. Lange hatte er vor dem Brief gesessen, den er damals an Marias Mutter geschrieben hatte. Dankbar war seine Kondolenz aufgenommen worden. Nun, kurz vor dem ersten Advent, hatte er, wohl wissend, dass der Zeitpunkt für sein Vorhaben nicht sehr geeignet war, bei der Witwe ganz nach alter Schule um die Hand ihrer Tochter angehalten.

Bonhoeffer musste sie damit leider ziemlich verschreckt haben. War es nun ihre Trauer, die Umstände des Krieges, sein großer Altersunterschied zu der erst 18-jährigen Maria oder all das zusammen, was Frau von Wedemeyer dazu veranlasste, ihre Zustimmung zurückzuhalten? Statt beiden die Gelegenheit zu geben, sich weiter kennen zu lernen, bat ihn Marias Mutter, ein ganzes Jahr lang den Kontakt zu ihrer Tochter abzubrechen. Dann könne man ja weitersehen, gab sie ihm freundlich, aber bestimmt zu verstehen. Maria war vom Ausgang dieses Gesprächs ebenso schockiert wie er. Zugleich hatte Bonhoeffer das deutliche Gefühl, dass er ihre Mutter mit hartnäckiger Beredsamkeit durchaus hätte umstimmen können. Aber das verbot sich ihm.

Diese Gedanken versuchte er jetzt, an seinem vorläufigen Schreibplatz, ebenso beiseite zu schieben wie die verschiedenen Notizen, die ihn an die nächsten Aufgaben erinnerten. Gerade zu Beginn des neuen Kirchenjahres am ersten Advent meinte er seinen ehemaligen Finkenwaldern, zu denen er auch jetzt noch, wo die meisten im Feld waren, Verbindung hielt, ein geistliches Wort schuldig zu sein. Denn das Vertrauen in Christus, an dessen Wiederkunft der Advent erinnerte und auf die er selbst zu lebte, konnte auch sie stärken. Die Botschaft der Adventszeit durfte nicht einmal der Krieg mit all seinen Schrecken hindern.

Den Respekt vor denen, die bereits an den verschiedenen Fronten ihr Leben verloren hatten, stellte er an den Anfang seines Briefes, was dem Schreiben einen sehr ernsten Charakter gab. Dennoch überschrieb er diesen Teil mit einem Bibelvers aus dem Buch des Propheten Jesaja, in dem es heißt: Ewige Freude wird über ihrem Haupte sein. Bonhoeffer schrie im Gebet zu seinem Herrn für diese Brüder, die er alle persönlich gekannt hatte, um deren Lebensumstände und Beziehungen er wusste und die zu Dienern der Kirchengemeinden berufen gewesen waren. Dann wandte er sich mit den folgenden Worten an die Lebenden: »Wir gönnen es ihnen, ja sollen wir sagen, dass wir sie manchmal im Stillen beneiden? Seit alten Zeiten gilt in der christlichen Kirche die acedia – die Traurigkeit des Herzens, die Resignation – als eine der Todsünden. Dient ihm mit Freuden! (Psalm 100,2) ruft uns die Schrift zu. Dazu ist uns unser Leben gegeben und dazu ist es uns bis zur Stunde erhalten. Nicht nur den Heimgerufenen, sondern auch uns Lebenden gehört die Freude, die uns keiner rauben soll. In dieser Freude sind wir mit ihnen eins, niemals aber in der Traurigkeit. Wie sollen wir den freudlos und mutlos Gewordenen helfen können, wenn wir nicht selbst von Mut und Freude getragen sind? Nichts Gemachtes, Erzwungenes, sondern etwas Geschenktes, Freies ist gemeint ...«

Vom Schreiben erregt, stand Bonhoeffer von seinem Platz auf. »Wir haben eine gute Nachricht«, sprach er vor sich hin. Wenn er allein war, formten seine Lippen oft wie von selbst Worte, die Fragen, aber auch Antworten eines Dialogs mit seinem Herrn Jesus Christus waren. Er lief ein paar Schritte im Zimmer auf und ab. Dabei freute er sich bereits auf das geplante Zusammensein mit einigen der Brüder am Wochenende bei Ernst Wolf in Halle. Mit Oskar Hammelsbeck hatte er sich zur gemeinsamen Fahrt verabredet. Auch Hans Böhm, Gerhard von Rad und Julius Schniewind würden sie treffen. Außerdem hatte Oskar ein gemeinsames adventliches Treffen mit Jochen Klepper vereinbart. Das alles sollte ihm doch die Kraft geben, seinen begonnenen Brief mit guten und hilfreichen Worten an die Brüder im Feld zu Ende zu bringen. Er setzte sich und schrieb weiter.

In den gleichen Tagen verdunkelte sich die Welt für Jochen Klepper mit weiter zunehmendem Tempo. Bereits im Mai hatte er seinem Tagebuch die übergroßen Ängste anvertraut, die sein Leben einengten. Immer wieder kreisten seine Gedanken auch darum, in der aussichtslos scheinenden Bedrängung, in der er die Seinen nicht mehr schützen konnte, einen Ausweg im Freitod zu suchen. Es war ihm bewusst, dass dem jüdischen Glauben nach nicht nur die Schöpfung, sondern auch die Bewahrung des Lebens vollkommen und bedingungslos bei Gott liegt, wie es das Zeichen des Regenbogens – im Anfang der

Bibel bezeugt. Ja, dass aus rabbinischer Sicht Gott unser Blut, in dem das Leben ist, als sein persönliches Eigentum betrachtet und uns Menschen das Recht verweigert, Herr über welches menschliche Blut auch immer zu sein, unser eigenes eingeschlossen. Selbsttötung galt daher als Mord und war ein Bruch desjenigen alttestamentlichen Gebots, das das Leben schützt. So hoch wurde das von Gott gegebene Leben im Alten Testament eingestuft, dass seine Rettung aus einer akuten Gefahr sogar das Sabbatgebot außer Kraft setzen konnte, das den hervorragendsten Platz in der Gottesbeziehung einnahm. Aber je öfter und je tiefer er darüber nachdachte, um so mehr war Klepper zu dem Schluss gekommen, dass Selbstmord eine ebenso zu vergebende Sünde sei wie alle anderen auch. Denn das Neue Testament kennt nur eine einzige Ausnahme. Das ist die Sünde gegen den Heiligen Geist. Sie allein ist von der Vergebung Gottes ausgenommen.

Obwohl Klepper diese Gedanken nicht mehr losließen, versuchte er trotzdem seine Arbeit voranzutreiben, so gut es eben ging. Einen riesigen Berg von Notizen hatte er inzwischen für den Roman über Katharina von Bora zusammengetragen. Das erste Kapitel war so gut wie fertig.

Gemeinsam mit seiner Frau Hanni besuchte er Würzburg, Nürnberg sowie Augsburg und beging am 2. November, eben wieder zu Hause eingetroffen, ihren Geburtstag. Die kriegsbedingte Atmosphäre mit den kaum mehr steigerbaren Bedrohungen der jüdischen Menschen wurde für die Familie zu einer immer undurchdringlicheren Finsternis. Aus den Erlebnissen und Empfindungen wie auch den Reflexionen darüber entstanden Jochen Kleppers schriftliche Gebete, die er seinem Tagebuch anvertraute.

Er überschrieb sie jeweils mit einem Bibelwort, das er dem Losungsbüchlein der Herrnhuter für den betreffenden Tag entnahm. War er noch vor fast genau zwei Jahren aus der Überzeugung seines Glaubens gern Soldat geworden, auch in der Hoffnung, dadurch Frau und Kind vor Feinden und Machthabern gleichermaßen zu schützen, war ihm der Sinn dessen längst abhanden gekommen. Im Tagebuch vermerkte er nur, dass er sich nun hüte, darüber zu reflektieren und schrieb wörtlich: »Das ist nun alles Gott übergeben.« Dennoch wollte er auch in diesem Jahr gerade den Advent angemessen begehen und die Gedanken von der Wiederkunft Jesu wirken lassen. So hatte er am Morgen des ersten Advent den frisch duftenden Tannenkranz zu Füßen des Kruzifix mit vier Kerzen besteckt und einen Strauß aus dem Garten hereingeholt, von Fichten-, Tannen- und Wacholdergrün, von jedem Baum und Strauch einen Zweig.

Am zweiten Advent wurde die ihm einst so liebe Zeit von der Furcht vor dem nächsten Tag fast ganz überdeckt. Es war die immer stärker werdende Angst um Renate, deren Deportation nun jeden Tag zu erwarten war. Vor dem Gedanken, auch Hanni, seine Bore, zu verlieren, zitterte er. Inmitten des Strudels, in den die Angst ihn zog, hatte er kaum die Kraft, an das Treffen mit Oskar Hammelsbeck und Dietrich Bonhoeffer zu denken, auf das er sich so gefreut hatte.

Als Klepper am Montag darauf vom Verlag heimkam, gab es wenigstens eine hoffnungsvolle Nachricht: »Das Ministerbüro von Dr. Frick hat angerufen«, teilte ihm Hanni mit und versuchte stimmlich mehr in diese Mitteilung zu legen, als sie letztlich von ihr erwarten konnte.

»Dein Brief mit der Nachricht aus Schweden hat bewirkt, dass Dr. Frick dich einbestellt hat.« Tatsächlich klingelte das Telefon bald darauf nochmals und Jochen verabredete einen Termin beim Innenminister für den kommenden Tag. Dieses Treffen hinterließ dann Hoffnung und Enttäuschung zugleich.

Frick, der sich an Kleppers Vorsprechen im vergangenen Oktober erinnerte, reagierte zwar wohlwollend, hatte aber inzwischen weder die Kompetenz, Juden in Deutschland zu schützen, noch eine Ausreisegenehmigung auszustellen. In Kleppers Beisein zog er einen Major der Polizei hinzu und beauftragte Ministerialrat Draeger, den Präsidenten der Deutsch-Schwedischen Gesellschaft, telefonisch Verbindung zum Sicherheitsdienst aufzunehmen. Am Ende wurde die Ausreise von der Zustimmung Schwedens abhängig gemacht, so dass noch ein winziger Hoffnungsschimmer in dem nun völlig unklar gewordenen Verfahren blieb. Was war im Amt nicht alles zur Sprache gekommen: Von Zwangsscheidung war geredet worden und wie es schien, wurde die Ausreise der Tochter gegen die der Mutter ausgespielt und umgedreht. Tiefe Hoffnungslosigkeit nahm von Klepper Besitz. Das gern gesungene trutzig vollmundige Lutherlied fiel ihm ein. Wie hatte der Reformator gedichtet? Nehmen sie den Leib, Gut, Ehr, Kind und Weib: lass fahren dahin ... Solche Worte und Gedanken vermochte er nicht auszusprechen, geschweige denn ihnen zu folgen. Soweit konnte er einfach nicht gehen. Seinem Tagebuch vertraute er an: »Gott weiß aber auch, dass ich alles von ihm annehmen will an Prüfungen und Gericht, wenn ich nur Hanni und das Kind notdürftig geborgen weiß.«

Und auf einmal ist der Ernstfall da. Als letzten Satz notiert Klepper an diesem Tag: »Hanni ist keiner Träne mehr fähig.«

Am Morgen hatte Hanni ihre Personalien bei der Schwedischen Botschaft aufnehmen lassen, obwohl sie wusste, wie gering die Bereitschaft zur Aufnahme von Juden überall in der Welt inzwischen geworden war. Für Jochen Klepper hatte Ministerialrat Draeger tatsächlich einen Termin beim Sicherheitsdienst bekommen. Auf diese Weise gelangte er an jenem Mittwoch zu Adolf Eichmann, Hitlers berüchtigtem Sachbearbeiter der »Endlösung der Judenfrage«.

Als Klepper bei ihm vorsprach, war diesem sein Anliegen bekannt. Er erkundigte sich kalt danach, ob es um eine sofortige Ausreise ginge. Daraus schloss Klepper, dass unmittelbar Gefahr drohe und bejahte. Eichmann gab vor, nachforschen zu müssen, ob gegen Renates Ausreise sicherheitspolizeiliche Bedenken bestünden und sagte dann: »Ich habe noch nicht mein endgültiges Ja gegeben. Aber ich denke schon, dass die Sache klappen wird.« Im Zentrum der Macht wurde nun betont, dass nicht beide zusammen, Frau und Kind, ausreisen dürften. Das gab weitere Rätsel auf. Am nächsten Tag sollte Klepper das Ergebnis der Überprüfung abholen.

Abends, am Ende ihrer Kraft, besprachen sie zu Hause alles gemeinsam mit Kleppers Schwester Hilde. Im Fall der Fälle sollte diese testamentarisch den gesamten Nachlass übernehmen.

Dann kam der Donnerstag, der 10. Dezember. Der Vormittag war ein einziges Bangen. So sehr Klepper auf eine Zusage hoffte, ordnete er zugleich die noch offenen Dinge bis dahin, dass er eine Liste mit über 100 Namen und Adressen auf der Schreibmaschine tippte, die im Todesfall zu benachrichtigen seien. Zuletzt fügte er handschriftlich noch vier Namen hinzu.

Am Nachmittag wurde ihm beim Sicherheitsdienst Eichmanns endgültige Ablehnung mitgeteilt.

Kurz ist die Eintragung dieses Tages in Jochen Kleppers Tagebuch. Sogar das Losungswort findet sich erstmals nicht darüber. Er sah keinen anderen Ausweg mehr als den, sich Christus mit den Seinen in die Arme zu werfen. Klepper notierte: »Nachmittags die Verhandlung im Sicherheitsdienst. Wir sterben nun – ach, auch das steht bei Gott – Wir gehen heute Nacht gemeinsam in den Tod. Über uns steht in den letzten Stunden das Bild des Segnenden Christus, der um uns ringt. In dessen Anblick endet unser Leben.«

Als die Leichen am nächsten Morgen gefunden wurden, verbreitete sich die Nachricht vom Tod der zuletzt so drangsaliert und zurückgezogen lebenden Familie Klepper unter den Freunden wie ein Lauffeuer.

Am Samstag darauf, einen Tag vor dem dritten Advent, näherte sich einer der damals immer überfüllten Züge dem Bahnhof in Halle an der Saale. Zwischen den vielen Soldaten in Uniform, die von der Front kamen oder dorthin zurückfuhren, waren zahlreiche Reisende mit zum Teil umfangreichem Gepäck unterwegs. So kam es, dass nicht nur sämtliche Sitzplätze belegt waren, sondern sogar Mangel an guten Stehplätzen herrschte. Für Dietrich Bonhoeffer und Oskar Hammelsbeck, die erst unmittelbar vor Abfahrt des Zuges am Bahnsteig aufeinander trafen, war die Fahrt deshalb kein Vergnügen. Im Gedränge der Mitreisenden war es ihnen nicht einmal gelungen, nebeneinander zu stehen. Im Gang des Schnellzugwagens, zwischen den eng Stehenden eingezwängt, konnten sie sich lediglich zuwinken. Es war auch nicht daran zu denken, ein Buch oder gar eine Schreibunterlage herauszuziehen. Es blieben, nachdem man die Umstehenden genügend betrachtet hatte, in günstigen Momenten allein die Blicke aus dem Fenster auf vorbeiziehende Landschaften, Häuser in Vorstädten und Dörfer oder kleinere Bahnhöfe.

Dabei hätten sie einander so viel zu erzählen gehabt. Das Zusammensein mit den Brüdern, die sie in Halle treffen wollten, hätten sie im Gespräch weiter vorbereiten können. Der aktuelle Kriegsverlauf sowie die Veränderungen im zivilen Leben, die Gewalt an den Juden, aber natürlich auch die immer prekärer werdende Lage der Bekennenden Kirche im Krieg hatten sie unbedingt erörtern wollen. Andererseits war es wahrscheinlich ganz gut, dass dieses Gespräch nicht jetzt stattfand, weil man nie wusste, wer zuhörte. Vielleicht wären dabei Informationen laut geworden, die nicht für fremde Ohren bestimmt waren. So hing jeder der beiden seinen eigenen Gedanken nach.

Die herbe Botschaft des Advent hatte für Bonhoeffer in diesem Jahr einen besonderen Ausdruck bekommen. Das Warten als dessen geistliche Dimension verband sich mit dem Kriegsgeschehen und den davon bestimmten Zeitereignissen auf eigenartige Weise. Es wurde zum Warten auf eine veränderte Kriegslage oder eben, wie in seinem Fall, auf das Ende des Tyrannen. Es verband sich aber auch mit dem Warten auf eine Möglichkeit, Maria wiederzusehen, was unter den Umständen der um den Vater trauernden

Familie seiner Meinung nach zwar nötig gewesen wäre, aber ganz unmöglich schien. An vorderster Stelle peinigte ihn jedoch die entsetzliche Nachricht, die er am Morgen, kurz vor dem Verlassen des Hauses, erhalten hatte und dringend an Oskar Hammelsbeck weitergeben wollte, wozu sich aber im Gedränge des Wagenganges einfach keine Gelegenheit fand. Wie hatten sie sich beide gefreut, im Advent ein Zusammentreffen mit Jochen Klepper vereinbaren zu können, dessen geistliche Gedichte mit ihrem Trost besonders in diesen Tagen vielen Christen und kirchlichen Gruppen so wichtig waren. Gerade seine Adventslieder drückten in einfacher Sprache Ernst und Zuversicht des auf die wartenden Gläubigen zukommenden Christus aus. Diesmal war der konkrete Termin für das Treffen dem Organisationstalent Hammelsbecks zu verdanken. Dieser hatte vorhin bei der überstürzten Abfahrt durchaus nicht den Eindruck gemacht, als ob er die schreckliche Nachricht schon erhalten habe. Offenbar nichts ahnend stand er einige Meter von ihm entfernt und winkte ihm gelegentlich aufmunternd zu. Gerade jetzt wies er mit seiner rechten Hand auf die Armbanduhr, löste die Linke vom Haltegriff und zeigte kurz seine Hände mit gespreizten Fingern. Wirklich, nach dem Fahrplan, müsste der Zug in zehn Minuten in Halle eintreffen. Dort erst würden sie miteinander sprechen können. Dann musste er ihm die Nachricht überbringen, die sein Herz so schwer machte.

Bonhoeffer schloss die Augen, um sich ganz zu konzentrieren. Ohne die näheren Umstände ihres Todes zu kennen, versuchte er Jochen Klepper mit Frau und Tochter an Gottes Vaterherz zu legen. Ohne Worte, aber mit intensiven Gedanken hielt er Fürbitte, zu der gerade das Neue

Testament die Gemeinde der Glaubenden immer wieder ruft und die er auch mit seinen Pfarramtskandidaten in so verschiedener Weise geübt hatte. Es ging darum, Freude wie Schmerz vor Gott auszubreiten und dadurch mit ihm und den Geschwistern eins zu werden, mitzutragen und mitgetragen zu sein.

Bei all diesen Gedanken hatte er die Verlangsamung des Zuges nicht wahrgenommen, stieß beim letzten Abbremsen ziemlich unsanft gegen die Tür vor dem Übergang zum nächsten Wagen und hielt sich und seinen kleinen Koffer schnell noch fest, bevor der Zug schließlich unter lautem Quietschen der Räder zum Stehen kam. Allerdings setzten sich die Reisenden auch jetzt nicht in Bewegung. So konnte er nur anderen folgen, die wie er den Zug verlassen wollten und aus einem der Gangfenster auf den Bahnsteig hinausklettern mussten. Hammelsbeck ging es nicht anders, denn die Türen wurden nach dem Halten des Zuges sofort von hereindrängenden Zusteigenden verstopft. Auf dem Bahnsteig angekommen, waren beide, bevor sie aufeinander zu gehen konnten, zunächst damit beschäftigt, ihre Gepäckstücke zusammenzuhalten und ihre Kleidung einigermaßen in Ordnung zu bringen.

Hammelsbeck trat schließlich lachend auf Bonhoeffer zu und schien erstaunt, dass dieser seinen seltsamen Ausstieg nicht ebenfalls humorvoll nahm. »Oskar«, sagte Bonhoeffer ohne Umschweife, »ich muss dir etwas sehr Trauriges sagen, das mir schon die ganze Fahrt über auf dem Herzen brennt.«

Sie gingen an den Rand des Bahnsteiges und ließen die anderen Reisenden an sich vorübergehen. Hammelsbeck spürte an der knappen Ankündigung, dass eine Frage jetzt nicht am Platz war und schaute Bonhoeffer aufmerksam an. »Heute Morgen«, sagte dieser fast tonlos und nur so laut, dass seine Worte gerade noch zu verstehen waren, »habe ich erfahren, dass Jochen Klepper in der Nacht zuvor mit seiner Frau und seiner Stieftochter freiwillig aus dem Leben geschieden ist.«

Als Hammelsbeck ihn mit offen stehendem Mund erschrocken anschaute, fügte Bonhoeffer hinzu: »Soviel ich erfuhr, soll er die Bibel mit aufgeschlagenen Troststellen vor sich liegen gehabt haben.« Beide schwiegen betroffen und sahen einen Augenblick lang inmitten der vorbeiströmenden Menschen stumm zu Boden. Wieder fragte sich Bonhoeffer, ob Kleppers Akt der Verzweiflung nicht vielleicht im Kern jener Verzweiflung vergleichbar war, aus der im Widerstand die Attentate auf Hitler versucht wurden. War nicht beides eine von Verzweiflung getriebene, sündhafte Grenzüberschreitung?

Schließlich trafen sich ihre Blicke wieder. »Wir wollten ihn noch im Advent treffen«, raunte Hammelsbeck endlich, ebenfalls leise. »Sein großer Advent ist uns zuvorgekommen, wenn auch so ganz anders, als wir ihn uns vorstellen. Wir haben weiter zu warten, nun ohne ihn.«

Bonhoeffer bückte sich nach diesen Worten seines Freundes, öffnete sein Köfferchen einen Spalt breit, griff hinein und suchte mit der Hand, bis er das dünne »Kyrie«-Buch Kleppers fand. Er hatte ein Lesezeichen zwischen die Seiten mit dem Gedicht gelegt, das mit den Worten überschrieben ist: Der Herr ist nah. Das schlug er jetzt auf. Das Treffen mit den anderen Brüdern musste warten, denn mitten auf dem Bahnsteig, auf dem sich die Reisenden allmählich verliefen, spürten sie etwas von der Wirklichkeit des Advent. Daran hatten die sieben Strophen des Gedichts ihren Anteil, in dem Klepper für die Menschenjahre auf dieser Erde, Anfang und Ende, Ängste, Besitz und Familie zum Schluss die vertrauensvollen Worte gefunden hatte:

> ... Der Herr ist unablässig nah.
> Und alles, was der Mensch vollbringt
> ist Antwort, die dein Ruf erzwingt.

Die bei diesen Worten geradezu greifbar zu spürende Nähe empfanden beide beim halblauten Vorlesen als einen bisher ungekannten Trost. Unter diesem Eindruck nahmen sie nun ihr Gepäck und brachen zu den anderen Brüdern auf, die sie längst erwarteten.

## Der Tod des Mose, September 1944

Dietrich Bonhoeffers konspirative Tätigkeit für die militärische Abwehr, zuletzt in deren Münchner Dienststelle, wurde wegen einiger merkwürdiger Vorgänge längst beobachtet. In der Tat war es ungewöhnlich, dass ausgerechnet Juden im Auftrag der Abwehr in die Schweiz übersiedelten. Aus sieben Personen, die dafür ausersehen waren, wurden zudem unter der Hand 14, was einen großen Aufwand für die Beschaffung von Dokumenten und Devisen nötig machte und nicht verborgen bleiben konnte. Auch war es immer schwieriger zu erklären, wozu die Abwehr ausgerechnet einen Theologen vom Kaliber Bonhoeffers und zeitweise auch einige seiner Freunde vom Dienst in der Wehrmacht freistellte. So kam es, dass sich die Abwehr unter Generalmajor Oster und Admiral Canaris der Aufmerksamkeit Hitlers sicher sein konnte, als ihm diese Unregelmäßigkeiten zugetragen wurden. Wilhelm Keitel, der Chef des Oberkommandos der Wehrmacht, musste auf Drängen der Geheimen Staatspolizei die Immunität der Abwehr für eine Untersuchung durch die Gestapo aufheben. Eine traurige Kuriosität bestand darin, dass die

Untersuchenden zunächst nicht einmal ahnten, in welches Wespennest sie damit stachen.

Die Untersuchungen hatten schnell eine Verhaftungswelle zur Folge. Am 5. April 1943 schlossen sich auch hinter Dietrich Bonhoeffer die Tore des Wehrmachtsuntersuchungsgefängnisses in der alten Haftanstalt in Berlin-Tegel. Wie ein Schwerverbrecher musste er die erste Nacht in der kalten Zugangszelle verbringen. Aber lieber fror er dort auf seiner Pritsche erbärmlich, als dass er es fertig brachte, unter die vorhandene Decke zu kriechen, die einen üblen Gestank verbreitete. Aus der Nebenzelle klang in der Nacht Weinen zu ihm herüber. Am Morgen wurde durch den Türspalt trockenes Brot auf den Zellenboden geworfen. Das Personal hatte Weisung, nicht mit dem Neueingelieferten zu sprechen. Lediglich mit dem Schimpfwort »Strolch« bedachte ihn der Schließer.

Dennoch ließ er sich von den widrigen Umständen seine Würde nicht nehmen. Durch sein unbeirrtes, freundliches Auftreten und die Kunde, welch prominenter Gefangener er war, gelang es Bonhoeffer allmählich, ein gutes Verhältnis zum Wachpersonal wie zu den Mithäftlingen herzustellen. Später genoss er sogar einige Privilegien, konnte in seiner Einzelzelle Nr. 92 im ersten Stock lesen, schreiben, Besuche empfangen und sich während der Bombardierung Berlins als Sanitäter relativ frei im Krankenrevier bewegen. Zunächst aber wurde er von Oberstkriegsgerichtsrat Roeder verhört. Bonhoeffer gab sich von Anfang an kooperativ, in der Sache aber ahnungslos und ziemlich naiv, als ob nur ein Missverständnis für seine Verhaftung vorliegen könne. Für Roeder war es deshalb nicht ganz einfach, bis Ende Juni eine einigermaßen verhandlungsfähige Anklage fertigzustellen. Danach hoffte Bonhoeffer auf einen baldigen Prozess, von dem er seine Freilassung erwartete.

Damit rechnete er jedoch ein ganzes Jahr lang, bis etwa April 1944, vergeblich. Inzwischen war es ihm dennoch möglich, heimlich Verbindung zur Außenwelt aufzunehmen. Schweren Herzens willigte er nach Informationen von dort in die Taktik ein, den Prozessbeginn versanden zu lassen, wofür die Hoffnung auf einen baldigen Umsturz der ausschlaggebende Faktor war.

So schwer dem weit gereisten und freiheitsliebenden Dietrich Bonhoeffer das Leben in der Unfreiheit des Gefängnisses auch fiel, so sehr versuchte er doch, sich nicht an dem Unvermeidlichen aufzureiben, sondern seine Kräfte soweit wie nur irgend möglich zu gebrauchen. Dazu gehörten Kontakte im Haus und nach außen ebenso wie eine vielgestaltige geistige Arbeit und, wenn nicht anders möglich, gymnastische Übungen zur körperlichen Ertüchtigung in seiner winzigen Zelle.

Einer der Lichtblicke seines Gefängnisalltages waren die mit der Zeit möglich gewordenen Besuche des Anstaltsgeistlichen Dr. Harald Poelchau. Bereits seit zehn Jahren war dieser hervorragende Theologe und Sozialwissenschaftler, der für seine Aufgaben eine ausgezeichnete Qualifikation und Eignung besaß, als Seelsorger und Tröster im Tegeler Gefängnis tätig. Es gelang ihm, trotz seiner Aufgaben an dieser sensiblen Stelle zu den Widerständlern des Kreisauer Kreises zu gehören, ohne dass Außenstehende es bemerkten oder gar seine Vorgesetzten etwas ahnten. Bonhoeffer vertraute Poelchau vollkommen. In ihm hatte er einen wertvollen geistlichen

Gesprächspartner gefunden, der ihm zugleich auch ganz praktisch half. Mindestens einmal wöchentlich besuchte ihn Poelchau, manchmal auch öfter, obwohl er in diesen Jahren ein immenses Aufgabenpensum, mitunter auch mitten in der Illegalität, bewältigte.

Die beiden Theologen hatten sich regelrecht miteinander angefreundet. Längst verbarg der Amtsträger in seiner Kleidung auch Kassiber mit handschriftlichen Nachrichten und Briefen Bonhoeffers sowie mit Informationen von Familie oder Freunden außerhalb und half dabei, die Mauern für den Gefangenen ein wenig durchlässiger zu machen. Auf diese Weise musste Bonhoeffer den Austausch mit Maria von Wedemeyer, mit der er sich noch im Januar 1943 verlobt hatte, und mit Eberhard Bethge, seinem besten Freund, nicht auf die nur selten erlaubten Besuche und zensierten Briefe beschränken. Mit beiden korrespondierte er auf das Eifrigste, was ihm neben theologischer, philosophischer und belletristischer Lektüre ein großer Kraftquell war, um die Verhöre und Demütigungen der Haft aushalten zu können. Endlich versuchte er jetzt auch, die Arbeit an seiner »Ethik« in Angriff zu nehmen. Seit vielen Jahren verspürte er dazu eine innere Verpflichtung. Zuletzt hatte es ihn besonders deshalb gereizt, weil er bemerkte, dass sein Handeln immer weniger von einer seriös durchdachten Ethik fundiert war, als dass es vielmehr spontan den Notwendigkeiten folgte.

Seine Ethik sollte eine angewandte Christologie sein. Denn die in Christus vollzogene Versöhnung kommt ohne starre Prinzipien aus, aber nicht ohne Freiheit und Liebe. Folgen des Handelns kann sie natürlich nicht ignorieren, obwohl sie unter Umständen bereit sein muss,

Schuld zu riskieren. Er wusste, dass er, als einer unter den Nationalsozialisten Lebender, sowohl als einfacher Mitläufer wie als Gegner Schuld auf sich laden würde. In einer grundlegenden Ethik galt es das zu bedenken, niederzuschreiben und vielen zugänglich zu machen.

Obwohl Bonhoeffer an so wichtigen theologischen Arbeiten schrieb und auch ein Drama sowie einen Roman in Angriff nahm, blieb er gerade im Herbst von Tagen großer Niedergeschlagenheit nicht verschont. Eines Nachmittags, als er deprimiert vom zähen Verlauf seiner unendlichen Verhöre offen zu Poelchau sprach und dieser ihm konzentriert wie immer zuhörte, veränderte sich auf einmal dessen traurig mitfühlender Blick. Bonhoeffer wunderte sich darüber und sprach Poelchau auf seine Beobachtung an: »Ist Ihnen mein Gejammer lästig«, fragte er, »oder haben Sie eine gute Idee, wie ich diese Mauern hinter mir lassen könnte? Ich sehe es Ihnen doch an, dass Sie ein Geistesblitz durchzuckte.«

Poelchau musste trotz des ernsten Gesprächs über Bonhoeffers Einwurf lächeln. »Habe ich mich wirklich so wenig in der Gewalt?«, murmelte er und bedeckte sein Gesicht mit den Händen, als ob es ihm unangenehm sei, fügte aber schnell hinzu: »Sie haben Recht, mir ist etwas eingefallen. Möglicherweise kommt das Ihren eben geäußerten Erwartungen, die Mauern zu durchschreiten, allerdings nur im übertragenen Sinn ein Stück nahe. Ich musste an meinen ehemaligen Kommilitonen und Freund Jochen Klepper denken. In den schweren Erlebnissen seiner letzten Jahre ist ihm die Bibel immer wieder Trost und Hilfe gewesen. Wie sie zu ihm redete, hat er sie in Poesie verwandelt. Ich liebe seine Gedichte, die er aus den Bibelzitaten geradezu geschöpft hat, wie es beim Lesen scheint.«

Dem konnte Bonhoeffer nur zu gern zustimmen. Und als er berichtete, wie er mit Kandidaten aus dem Sammelvikariat noch vor der Veröffentlichung des schmalen Gedichtbandes »Kyrie« bei Klepper zu Besuch war und wie sie damals im Advent 1937 versucht hatten, einen der beiden Schlüsse des Neujahrsliedes auszuwählen, war es Poelchau, der jetzt ins Staunen kam. »Dieses Lied hat Jochen Klepper handschriftlich meiner Frau und mir gewidmet«, sagte er darauf sehr bewegt. »Das Bändchen mit den Gedichten bringe ich Ihnen beim nächsten Besuch mit«, versprach er, nachdem er noch aus der gemeinsamen Studienzeit von Klepper als einem Ästheten erzählt hatte, dem man damals wohl durchaus literarische Qualitäten, nicht aber eine so tiefe Innerlichkeit zugetraut hatte. »Er hat sie offenbar auf den rauen Wegen erworben, auf die Gott ihn geführt hat«, gab Bonhoeffer leise zu bedenken.

Wenige Tage später, als Poelchau sich wieder von dem Wächter zu Bonhoeffer einschließen lassen hatte, legte er ihm freudestrahlend neben einem Brief von Maria auch das »Kyrie« Kleppers auf die ausgebreiteten Papiere seines kleinen Zellentisches. »Ich habe wieder und wieder darin geblättert«, sagte Poelchau zu seinem neuen Freund, »die Steinmauern wird die Lektüre nicht wegnehmen können, aber wenn Sie das Abendlied ›Ich liege, Herr, in deiner Hut‹ lesen oder nach häufigem Gebrauch gar auswendig hersagen, werden die Mauern Ihrem Schlaf nicht im Wege sein, ganz im Gegenteil.«

Als um die Weihnachtszeit 1943 unter den Häftlingen des Gefängnisses die Angst wegen der Bombardierung

Berlins unerträglich zunahm, war Bonhoeffer, trotzdem er alle Not mit den Gefangenen teilen musste, längst zu einem geachteten Mann geworden, dessen Souveränität Häftlinge wie Wachpersonal beeindruckte. Auch Poelchau blieb das natürlich nicht verborgen.

Wieder einmal saß er mit Bonhoeffer in dessen Zelle zusammen. Dieser bot ihm den einzigen Stuhl an und nahm selbst auf seiner Pritsche Platz. Da kam Poelchau darauf zu sprechen und sagte: »Ich überlege seit einigen Tagen, was gegen die Angst der Gefangenen in den Bombennächten getan werden könnte. Weder können wir die Bombardierung beeinflussen noch die Türen des Hauses aufschließen. Aber mir ist aufgefallen, wie die Gefangenen zu Ihnen aufschauen.«

Bonhoeffer winkte ab: »Glauben Sie vielleicht, ich hätte nicht die gleiche Angst?«

»Das kann ich mir schon denken«, antwortete Poelchau, »aber man merkt Ihnen an, dass Sie aus einer Kraftquelle schöpfen, die den anderen offenbar nicht zur Verfügung steht. Was halten Sie von der Bitte, einige ganz einfache Gebete zu formulieren, aufzuschreiben und an die Gefangenen auszugeben, die sie haben möchten? Die Verteilung würde ich gern persönlich übernehmen. Wenn ich dann den Gefangenen sagen kann, dass einer ihrer Zellennachbarn, der sich in der gleichen Lage befindet, das mit seinen Worten ausgedrückt hat, werden sie es an sich heranlassen.« Nach kurzem Zögern nickte Bonhoeffer zustimmend.

Wirklich konnte Poelchau in den Weihnachtstagen die von Dietrich Bonhoeffer verfassten Gebete in die Zellen weiterreichen, wo sie kaum auf Ablehnung stießen, sondern vielen den Himmel ein Stück öffneten.

Aber selbst der bei Begegnungen so stabil und aufrecht wirkende Bonhoeffer war in seine verzweifelte Lage nicht so ergeben, dass er sich nichts inständigster ersehnte als ein Leben in Freiheit. Dabei spitzte sich die Lage wegen des missglückten Hitler-Attentats vom 20. Juli 1944 immer weiter zu. Trotz dem Bonhoeffer bereits über ein Jahr im Kerker litt, hatte er nie aufgehört, auf seine Haftentlassung zu hoffen. Diese Hoffnung wurde nun stark erschüttert. Ja, es rückte nach den sofort vollstreckten Todesurteilen einiger am Attentat Beteiligten und den sich anschließenden Untersuchungen und weiteren Verhaftungen in weite Ferne. Dennoch versuchte Bonhoeffer seine bisher gezeigte Würde auch unter Schmerzen sogar gegenüber dem Wachpersonal aufrecht zu erhalten. Ein Bewacher Bonhoeffers, Unteroffizier Knobloch, erkannte dennoch, wie niedergeschlagen Bonhoeffer inzwischen war. Obwohl er ein einfacher Arbeiter aus dem Norden Berlins war, vermochte er sich seines Mitgefühls mit dem sonst so außergewöhnlichen Gefangenen nicht zu entziehen. Für beide war es äußerst heikel, über das rein Vorgeschriebene hinaus, miteinander auch nur zu sprechen. Das Erstaunliche geschah jedoch im Laufe der täglichen Kontakte. War der Gefangene Bonhoeffer besonders achtsam auf seinen Bewacher eingegangen, oder war es umgekehrt gewesen? Die beiden schauten sich an und sprachen miteinander. Zuerst über das ganz Unvermeidliche. Bald aber war es wohl Knobloch, den der aufrechte, höfliche und nahezu immer in schriftliche Arbeiten vertiefte gefangene Pfarrer rührte. Immer öfter verabschiedete er sich beim Einschluss mit den Worten: »Kann ich noch etwas für Sie tun?« Bei dieser ernstgemeinten Frage variierte er die Anrede mit: Herr Bonhoeffer, Herr Pfarrer oder Herr Doktor. Trotz aller Kümmernisse lächelte Bonhoeffer dann und bedankte sich. Einmal brach es aber doch aus ihm heraus: »Lieber Herr Knobloch, nehmen Sie mich einfach mit, wenn Sie nachher nach Hause gehen!« Knobloch blickte überrascht auf, ohne etwas zu erwidern. Am nächsten Tag aber druckste er so eigentümlich beim Versehen seiner Aufgaben herum. Als Bonhoeffer ihn darauf ansprach, trat Knobloch dicht an ihn heran, und flüsterte: »Ich habe mir was überlegt.« Jetzt war es Bonhoeffer, der verwundert reagierte. Knobloch zog ihn so weit wie möglich vom Eingang der Zelle weg und raunte: »Ich könnte versuchen, mit Ihnen einen ›dienstlichen‹ Gang nach Draußen vorzutäuschen. Allerdings müssten wir danach beide unauffindbar untertauchen.« Nach einem zögerlichen Schweigen sagte Bonhoeffer endlich leise: »Das will gut überlegt sein.« Knobloch überraschte seinen Gefangenen weiter. Konzentriert, aber ohne Umschweife teilte er ihm seinen ganzen Plan mit: »Jemand von Ihrer Familie müsste Zivilkleidung, Lebensmittelmarken und etwas Geld zu mir nach Hause bringen. Ich würde alles in einer Schrebergarten-Wohnlaube verstecken. Dort müssten wir ein paar Tage bleiben.«

An einem der letzten Sonntage im September fuhren, durch Kassiber informiert, Bonhoeffers Schwester Ursula mit ihrem Mann und ihrer Tochter Renate zu Knobloch nach Berlin-Niederschönhausen und übergaben ihm in einem Paket alles Erbetene.

Bonhoeffer rang inzwischen in seiner Abgeschiedenheit mit sich. Keinen Augenblick misstraute er der Ehrlichkeit Knoblochs. Vielmehr kreisten seine Gedanken um den kurzen Jesaja-Satz, mit dem er Klepper zwei Jahre zuvor verblüfft hatte. Konnte er jetzt übergehen, was ihn damals so beeindruckt hatte? Plötzlich erreichte ihn außerdem die Nachricht von der Verhaftung seines Bruders Klaus und von der sich allseits verschärfenden Lage. Da brauchte er nicht weiter zu überlegen. Noch einmal vertraute er sich Knobloch an. Der hatte ihm konspirativ mitgeteilt, dass alles wie erbeten versteckt sei und jetzt nur der günstige Augenblick zum Gehen gefunden werden müsse. »Herr Knobloch«, sagte Bonhoeffer leise aber nicht so erfreut, wie dieser hätte erwarten können, »ich bin Ihnen außerordentlich dankbar!« Dann aber stockte er, bevor er bedauernd hinzufügte: »Aber ich muss unseren Plan aufgeben. Er würde meinen gerade inhaftierten Bruder und unsere ganze Familie tödlich gefährden.« Das hatte sein Bewacher nicht erwartet und sah ihn sprachlos an. Bonhoeffer fuhr fort: »Bitte helfen Sie mir, alles wieder abzubrechen. Bitte bringen Sie meinen Angehörigen die Sachen zurück und sagen Sie ihnen, wie ich mich entschieden habe.« Knobloch, der das Geflüsterte verwundert erfasste, presste seinen Mund zusammen, schaute Bonhoeffer traurig an und nickte tonlos. Tatsächlich verhielt er sich, wie er es wortlos bestätigt hatte.

Dietrich war erleichtert. Seine Entscheidung brachte ihm trotz der sich nun verstärkenden Aussichtslosigkeit seiner Gefangenschaft tiefe innere Gewissheit und Zufriedenheit.

Das Gespräch mit seinem Gefängnisseelsorger wurde in allem Durcheinander und den inneren und äußeren Sorgen für den mit zunehmender Ungeduld auf seinen Prozess wartenden Gefangenen immer wichtiger. Poelchau war ihm ein Gehilfe zur Hoffnung. Diese erschöpfte sich aber nicht in der Erwartung des Prozessbeginns oder dessen glücklichen Ausgangs. Auch später, als Bonhoeffer sich längst auf die Taktik eingelassen hatte, seine Strafsache versanden zu lassen, kamen sie immer wieder auf Jochen Klepper und dessen literarisches und lyrisches Werk wie auf die Zeit seines Leidens und auf seinen Tod zu sprechen.

»Jochen Klepper ist mir über der Lektüre und Meditation seiner Gedichte und seinem persönlichen Erleben längst so etwas wie ein älterer geistlicher Bruder geworden«, vertraute Bonhoeffer seinem Gegenüber an. »Wahrscheinlich liegt es daran, dass er mir sogar bereits in die Ewigkeit vorausgegangen ist. Früher hatte ich größte Mühe damit, seine, wie mir schien, allzu große Duldsamkeit und Ergebenheit in seine Lage überhaupt anzuerkennen«, gab er zu. »Ich sah meinen Auftrag sehr klar im Widerstand und wollte seine Leidenshaltung nicht so recht begreifen. Durch mein Gefangenendasein spüre ich inzwischen ebenso deutlich: Nicht nur die Tat, sondern auch das Leiden ist ein Weg zur Freiheit. Die Befreiung im Leiden liegt darin, dass man seine Sache ganz aus den eigenen Händen geben und in die Hände Gottes legen darf. Erst seit mir selbst alle Aktivität genommen ist, verstehe ich: Beides ist wichtig, Widerstand und Ergebung.«

»Ja«, stimmte Poelchau nachdenklich zu, »normalerweise werden sich solche Erlebnisse und Erkenntnisse auf verschiedene Menschen verteilen. Aber die Grenze zwischen beidem kann wohl auch in ein und derselben Person verlaufen. Kleppers Gedichte sind heute längst verbreitete Lieder. Der Trost, den er in seiner Bedrängnis gefunden hat, vervielfältigt sich dadurch auf erstaunliche Weise.

Allerdings war es ihm in den letzten Lebenstagen nicht mehr möglich, seine Gedanken in Versen solcher Ausstrahlung zu verdichten. Er verstummte unter dem Druck der übergroßen Not. Aber seine letzte Tagebucheintragung zeigt, dass er sich ganz dem Segen seines Herrn hingeben wollte und ihm auch seine Nächsten anvertraute, für die er selbst nichts mehr tun konnte.«

Bonhoeffer hatte schweigend zugehört. Als Poelchau seinen Gedanken zu Ende gebracht hatte, bekannte er nach einer Pause: »Kleppers geistliche Lyrik hat mich übrigens in meiner so ganz anderen Lage zu einem eigenen Gedicht inspiriert. Dabei bin ich, ähnlich wie er, von einer Geschichte der Bibel ausgegangen, die mich in diesen Tagen stark bewegt. Mir steht die Gestalt des Mose deutlich vor Augen, der von Gott berufen war, die Israeliten aus der Knechtschaft in die Freiheit zu führen. Seine unendlichen Kämpfe, mit denen er gegen die Macht des Pharao protestierte und sich später gegen das Murren der müden Wüstenwanderer verwahrte, faszinieren mich. Noch mehr aber fängt sein Ende an, zu mir zu sprechen. Wie Mose da nach unsäglichen Mühen mit seinem Tross das Ziel erreicht, den ersehnten Lebensraum des Gelobten Landes, von dem man träumte, dass dort Milch und Honig fließen. Ausgesandte Kundschafter hatten diese Hoffnung tatsächlich bestätigt. Und Mose? Der von Gott erwählte und beauftragte Anführer schaut vom Berg hinab auf die Weiten dieses Landes, aber betreten darf er es nicht. Zweierlei rührt mich an dieser Geschichte stark an und wühlt mein Empfinden regelrecht auf. Es ist nicht allein das Schicksal des Mose, sondern die Erkenntnis, dass wir Gott nicht fassen können, weil es einen Gott, den es gibt, eben nicht gibt. Ich möchte mein Gedicht ›Der Tod des Mose‹ nennen. Darf ich Ihnen den Entwurf einmal vorlesen?« Poelchau nickte zustimmend. Bonhoeffers Gedicht erzählte in knappen Zweizeilern die letzten Augenblicke der biblischen Geschichte, in denen Mose auf das erträumte und unter schweren Mühen erwanderte Land blickt und den Weg dahin sowie seine Beziehung zu Gott und dem Volk in Gedanken an sich vorüberziehen lässt. Blatt um Blatt nahm Bonhoeffer zur Hand und las sorgfältig und mit leiser Stimme die hochdramatische Beschreibung vor. Sie mündete in die Verse, in denen Mose sagt:

Wunderbar hast du an mir gehandelt,
Bitterkeit in Süße mir verwandelt,

laßt mich durch den Todesschleier sehn,
dies mein Volk zu höchster Feier gehen.

Sinkend, Gott, in Deine Ewigkeiten
seh mein Volk ich in die Freiheit schreiten.

Der die Sünde Straft und gern vergibt,
Gott, ich habe dieses Volk geliebt.

Daß ich seine Schmach und Lasten trug
und sein Heil geschaut – das ist genug.

Bonhoeffer hatte sich nicht bemüht, seine innere Beteiligung zu verbergen. Gegen Ende des Vortrags klang seine Stimme belegt. Er brach ab, räusperte sich und meinte, noch immer ergriffen: »Eine letzte Strophe fehlt mir noch.« Und er fügte wie für sich selbst hinzu: »Ich habe ja keine Eile, das Gedicht zu vollenden. Ich werde sie noch finden.«

Poelchau, der von dem Vortrag zwischen dem Berg des Mose und der Niederung dieser Zelle hin- und hergerissen war, räusperte sich ebenfalls. Bonhoeffer spürte, wie sehr ihn die Verse beeindruckt hatten und verstand, dass er darüber nicht sofort ein Urteil abgeben konnte.

Nach langer Pause, bevor er sich schließlich für diesen Tag verabschiedete, schaute Poelchau Bonhoeffer länger als sonst in die Augen und sagte: »Mir ist klar geworden, warum Sie den letzten Vers jetzt noch nicht schreiben konnten – weil er Gottes Sache ist.«

Er stand auf, nahm die bereitgelegten Schriftstücke an sich, verbarg sie schweigend in seiner Kleidung und machte sich beim Schließer bemerkbar. Als die Zellentür aufgeschlossen wurde, reichte er Bonhoeffer zum Abschied die Hand.

# NACHWORT

Die hier geschilderten Begegnungen zwischen Jochen Klepper und Dietrich Bonhoeffer im Funkhaus, im Hörsaal der Universität, im Wohnhaus und bei der Passbehörde in Berlin hat es in Wirklichkeit nie gegeben. Auch die Gespräche in der Gefängniszelle sowie die Eisenbahnfahrt sind möglicherweise anders verlaufen. Diese Episoden reiften vielmehr über den Eindrücken, die die Beschäftigung mit Leben und Werk beider sowie mit den damaligen Zeitereignissen bei mir als Nachgeborenem hinterließen.

Der vorausgegangenen umfassenden Lektüre verdanke ich eine lange Zeit intensiver Begegnungen mit den beiden so unterschiedlichen Theologen: Ich habe den stillen, eleganten, empfindsamen und treuen Jochen Klepper kennengelernt. Ich habe seine Enttäuschung nachempfunden, dass sich die im Glauben an Gott begründete Treue zu den Vätern, die er auch auf seine Obrigkeit bezog, gegen ihn wendete. Selbst aber hat er die Treue zu den liebsten Menschen und zu seinem Herrn Jesus Christus auf seine Weise bewahrt, bis ans Ende. Seine evangelischen, zugleich fragenden wie glaubensgewissen tröstlichen Lieder wurzeln in seinen größten Schmerzen.

Kennengelernt habe ich auch wesentliche Seiten von Dietrich Bonhoeffer, dem klugen, souveränen, aufgeschlossenen, mutigen Christen und begnadeten Denker. Er ist, nachdem er so privilegiert war, in der akademischen Theologie und der Ökumene weite Kreise ziehen zu können, in lebensgefährlicher Zeit unmittelbar vor Ausbruch des Krieges von einem sicheren Amerikaaufenthalt unverzüglich nach Hause zurückgekehrt. Um das, was ihn im Evangelium Jesu Christi ergriffen hatte, für Deutschland zu bewahren, der Welt freie Entfaltungsmöglichkeiten und damit echte Menschlichkeit zu erhalten, hat er sich nicht gescheut, dem menschenverachtenden Rad des Nationalsozialismus in die Speichen zu greifen. Dafür hat er sich, unter dem Druck des Faktischen, zur Konspiration entschlossen und die daraus erwachsenen schwersten Leiden auf sich genommen.

Meiner Ansicht nach gab es zwischen beiden Personen so große Gemeinsamkeiten, dass ich in der Gefahr bin, sie für leibliche Geschwister zu halten: Sie wurden 1903 und 1906 in Schlesien geboren, studierten beide Theologie, lebten später beide in Berlin, waren in kirchlich-protestantischen Kreisen und darüber hinaus bekannt und hinterließen der Nachwelt ihr unvollendetes Werk. Beider Leben endete gewaltsam mit je 39 Jahren, viel zu früh. Neben diesen auffallenden Ähnlichkeiten gibt es umso gravierendere Unterschiede in ihren Persönlichkeiten, ihrer Herkunft und in ihrem Werk.

Aber weder Ähnlichkeiten noch Verschiedenheiten haben dazu geführt, dass sie einander, soviel darüber bekannt ist, auch nur ein einziges Mal persönlich begegnet wären. Offenbar hat es lediglich beinahe eine Chance dafür gegeben: Dietrich Bonhoeffer freundete sich mit dem aus dem säkularen Bereich kommenden und von der Entwicklung der Bekennenden Kirche faszinierten Philosophen und Pädagogen Oskar Hammelsbeck an. Wegen dessen Engagement in der katechetischen Ausbildung hatte Bonhoeffer gelegentlich mit ihm zu tun und bat ihn sogar, während des Amerikaaufenthaltes ab Juni 1939 seine Vertretung im Sammelvikariat zu übernehmen. Nach Bonhoeffers unerwartet schneller Rückkehr bereits acht Wochen später trafen sie sich öfter zu freundschaftlichen Gesprächen über Zeitgeschehen und Philosophie in Bonhoeffers Mansardenzimmer. Dort betonte Hammelsbeck auch seinen dringenden Wunsch, ihn mit Jochen Klepper persönlich bekannt zu machen. Klepper starb jedoch nur wenige Tage bevor dieser Wunsch in die Tat umgesetzt werden konnte.

Aus diesen und anderen authentischen Fakten und Zusammenhängen, die so viel Affinität zueinander haben, formten sich mir wie von selbst die beschriebenen denkbaren und sich in die wirklichen Lebensläufe gewaltlos einfügenden fiktiven Begegnungen.

Mit ihnen wollte ich unterstreichen, wie Klepper und Bonhoeffer, vom gleichen christlichen Glauben angestoßen, auf die Bedingungen ihrer Zeit sehr verschieden reagiert haben. Ich hoffe, die erfundene Zusammenschau ist ein guter Anlass, darüber nachzudenken. Sie könnte sogar uns anfragen: Was nehmen wir aus dieser Erkenntnis in unsere Gegenwart mit? Denn wie alle historischen Personen ihrer Größe nötigen uns Jochen Klepper und

Dietrich Bonhoeffer die Mühe der Aktualisierung auf. Es genügt nicht, sie in das historische Geschehen einzuordnen oder allein ihren Anspruch zu wiederholen. Wir selbst in unserer Gegenwart unterliegen den verschiedensten Einflüssen oft ganz unvorhersehbarer Veränderungen.

Der Anlass zu einer Nachauflage des Büchleins, rund achtzig Jahre nach dem Tod der Protagonisten (Jochen Klepper +10./11. 12. 1942, Dietrich Bonhoeffer +9.4. 1945), möchte sich nicht im Beitrag zur Erinnerungskultur erschöpfen. In gut achtzig Jahren hat sich Deutschland nach dem totalen Zusammenbruch einer verbrecherischen Diktatur und ihrer weltweiten Folgen, zuerst in einem Teil und seit 1990 in einem geeinten Land, mit Hilfe der Völkerfamilie zu einer freien Demokratie und einem erfreulichen Lebensstandard entwickelt. Zugleich ist das eine lange Zeit, in der Wohlstand, oberflächliche Sorglosigkeit und ständig fortschreitende Säkularisation nicht nur die hier nachgezeichneten Abgründe vergessen machen, sondern plötzlich vielerorts anscheinend neue Sympathie dafür aufkeimen lässt.

Kann sich die Lektüre der dargestellten »Erfindungen« (für eine Gegenüberstellung der authentischen Fakten bitte die unten folgenden Synopse beachten!) inzwischen von einer betroffenen Scham über die Vergangenheit zur Mahnung im Blick auf die Zukunft wandeln? Denn es darf nach allem Geschehen für uns nicht mehr darum gehen, beliebig zu agieren oder zu reagieren. Vielmehr dürfen wir, wie von Glaubenden vor uns erprobt, unsere eigenen Entscheidungen aus der Kraft des gleichen Glaubens treffen. Wir brauchen diese selbst dann nicht für wertlos zu halten, wenn sie sich den üblichen Maßstäben von Erfolg entziehen.

Es muss noch angefügt werden, dass Dietrich Bonhoeffer für sein erwähntes Gedicht »Der Tod des Mose« mit der sich auffallend autobiografisch färbenden Parallele eine letzte Strophe gefunden und hinterlassen hat. Er scheint in seinen knappen Worten ausgehend von Mose fast das Kreuz Jesu im Blick zu haben, ohne nach einem guten Ausgang zu spekulieren. Er bittet Gott:

> Halte, fasse mich! Mir sinkt der Stab,
> treuer Gott, bereite mir mein Grab.

Aber selbst das haben die Schergen dem hingerichteten Bonhoeffer schließlich verwehrt. Seine Asche wurde verstreut, erfährt man ganz lapidar.

Auch darüber geht Jahr für Jahr die Ostersonne auf. Sie überstrahlt alles mit der unfassbar triumphalen Nachricht von der Auferstehung über Tod und Grab hinaus.

# LEBENSLÄUFE

### DIETRICH BONHOEFFER

wird am 04. Februar 1906, zusammen mit seiner Zwillingsschwester Sabine, als vorletzte von insgesamt acht Kindern des Psychiatrieprofessors Karl Bonhoeffers und seiner Ehefrau Paula von Hase in Breslau geboren. Als der Vater einen Lehrstuhl an der Universität in Berlin erhielt, zog die Familie 1906 dorthin um. Bereits als 17.jähriger begann er das Studium der ev. Theologie in Tübingen, später in Berlin und wurde bereits mit vierundzwanzig Jahren promoviert. Erste berufliche Station war ein Vikariat in Barcelona. Es folgten seine theol. Habilitation, sowie das II. theol. Examen als Voraussetzung für eine Ordination zum Pfarrer. Obwohl er nun als Privatdozent bereits Vorlesungen an der Universität anbieten durfte, entschied er sich 1930 zu einem Dreivierteljahr als Austauschstudent in den USA. Nach der Rückkehr wurde er Studentenseelsorger an der Techn. Universität in Berlin. Seine Gegnerschaft zu den Nationalsozialisten, die mit ihren Rassengesetzen auch die Kirche beherrschten, beeinträchtigte schon seine Arbeit in der ersten Pfarrstelle der deutschen Auslandsgemeinde in London. Auch bei internationalen Konferenzen versuchte er, die Ökumene vor Hitler und einer gleichgeschalteten deutschnationalen Staatkirche zu warnen. Als sich die Bekennende Kirche von der Bewegung der Deutschen Christen absetzte, wurde er mit der Leitung eines bald nur noch illegal arbeitenden Predigerseminars beauftragt, um einen bekennenden Pfarrernachwuchs auszubilden. An der Universität wurde ihm die Lehrbefugnis entzogen. Als der 2. Weltkrieg begann, kehrte er nach seiner Ankunft zu einem Studienaufenthalt in den USA sofort nach Deutschland zurück. Obwohl das Predigerseminar aufgelöst und er selbst mit allen Verboten für eine öffentliche Wirksamkeit belegt wurde, gelang es ihm, sich der militärischen Abwehr konspirativ zur Verfügung zu stellen. Er benutzte Kontakte ins Ausland, um verfolgte Juden zu retten und dort vor den Nationalsozialisten zu warnen. 1942 verlobte er sich mit Maria von Wedemeyer. Bald darauf wurde er wegen seiner geheimen Tätigkeit verhaftet. Beinahe bis zuletzt hoffte er, seine Freiheit wieder zu erlangen. Seine geistlich motivierte Hoffnung half ihm, unter schweren Haftbedingungen im Krieg theologisch und literarisch zu arbeiten. Aus diesem Nachlass wurden nach seinem Tod mehrere Schriften, wie eine Ethik oder die Briefe an seine Braut herausgegeben. Er selbst aber erlangte die Freiheit nicht wieder. Auf Befehl Hitlers wurde er gegen Ende des Krieges von Ort zu Ort transportiert und am 09. April 1945, wenige Tage vor Kriegsende, hingerichtet. Er wurde nur 39 Jahre alt.

## JOCHEN KLEPPER

wird am 22. März 1903 als drittes von fünf Kindern in der Familie eines Pfarrers in Beuthen, Kreis Glogau (Schlesien) geboren. Er studiert in Erlangen und Breslau ev. Theologie. Literarische und schöngeistige Ambitionen erschweren ihm zusammen mit persönlichen und familiären Problemen das wissenschaftliche Studium, das er 1926 abbricht. Im Schlesischen Presseverband findet er in Breslau eine journalistische Tätigkeit mit geistlichem Hintergrund. Die Beziehung zu Hanni Stein, einer jüdischen Rechtsanwaltswitwe mit zwei Töchtern, stößt bei seiner Herkunftsfamilie auf Ablehnung. Wegen der Heirat 1930 kommt es zum Bruch. Seit 1931 versucht er, zunächst allein, in Berlin eine Anstellung zu bekommen, was beim Rundfunk auch gelingt. Bald nachdem er seine Familie nach Berlin holt, verliert er wegen der Ehe mit einer Jüdin seine Arbeit und findet keine mehr. Trotzdem kann die Familie 1935 ein Haus bauen, in dem er als Rückzugsort zu arbeiten beabsichtigt. Tatsächlich gelingt es ihm, unter schweren Zugeständnissen, in die Reichsschrifttumskammer aufgenommen zu werden und den Roman »Der Vater« zu veröffentlichen. Als er wegen der nationalsozialistischen Rassengesetze kurz darauf aus der Reichsschrifttumskammer wieder ausgeschlossen wird, bedeutet das für ihn ein Veröffentlichungsverbot. 1938 fällt sein Haus einem Bebauungsplan Berlins zum Opfer. Er baut neu und kann ein Büchlein mit geistlichen Liedern (»Kyrie«) veröffentlichen. Mit Mühe und Not gelingt es, das Leben der älteren Tochter durch deren Ausreise zu retten. Aber selbst die

Taufe von Frau und jüngerer Tochter, sowie eine kirchliche Trauung, ja sogar sein Kriegsdienst als Soldat führen zu keinerlei akzeptierten Annahme. Keinesfalls ist er bereit, wie offiziell aus rassistischen Gründen gefordert, seine Ehe aufzulösen. Als auch 1942 ein intensiv betriebenes Ausreiseersuchen für die jüngere Tochter verweigert wird und alle Schaffensenergie unter den Rasseschikanen und Kriegseinschränkungen versiegt, vermag er seine religiöse Überzeugung und Unbeugsamkeit nur durch den gemeinsamen Suizid am 12. Dezember 1942 aufrecht zu erhalten. Er wurde nur 39 Jahre alt.

# Synopse

BK = Bekennende Kirche          DC = Deutsche Christen

---

**22. März 1903**

Dt. Reichstag debattiert über Sklaverei in den dt. Kolonien.

KLEPPER: In Beuthen (Schlesien, Kreis Glogau,) geboren, drittes von fünf Kindern, Vater Pfarrer.

---

**4. Februar 1906**

SPD scheitert im Reichstag mit Wahlrechtsantrag.

BONHOEFFER: In Breslau (Schlesien) geboren, Zwilling mit Sabine, sieben Geschwister, Vater Psychiatrieprofessor, Schulunterricht durch Mutter zu Hause.

---

**1912**

Gerhard Hauptmann wird Lit. Nobelpreisträger.

KLEPPER: Vom Vater zu Hause unterrichtet.

BONHOEFFER: Lehrstuhl des Vaters in Berlin, Umzug der Familie, Schulbesuch.

---

**1922**

Reichspräsident Ebert erklärt des »Deutschlandlied« zur Nationalhymne.

BONHOEFFER: Beginn Theologiestudium in Erlangen.

---

**1923**

Adolf Hitler ruft in München die Nationale Revolution aus (»Hitlerputsch«).

KLEPPER: Nach zwei Semestern und Hebräisch-Prüfung Wechsel an die Universität in Breslau.

BONHOEFFER: Als 17-Jähriger Beginn des Theologiestudiums in Tübingen, Beitritt zur Studentenverbindung des Vaters »Igel«, dort in Austrittsliste von 1936 aufgeführt, Teilnahme für zwei Wochen an einer Ausbildungsübung der »Ulmer Jäger«, einer schwarzen Reichswehr.

## 1924

»Der Zauberberg« von Thomas Mann erscheint.

KLEPPER: In den sechs Breslauer Semestern erste literarische Versuche (Veröffentlichung in Zeitungen).

BONHOEFFER: Reise mit Bruder Klaus nach Rom, dort interessierte ihn weniger die Antike als der Katholizismus.

## 1924-1927

BONHOEFFER: Fortsetzung des Theologiestudium in Berlin; als 19-Jähriger dialektische Theologie als Schwerpunkt, Lehrer: Adolf von Harnack, Karl Holl, Adolf Deißmann und Reinhold Seeberg (Doktorvater).

## Frühjahr 1926

Das Deutsche Reich wird am 8.9.1926 in den Völkerbund aufgenommen.

KLEPPER: Wissenschaftliche Arbeit überfordert den religiös literarischen Schöngeist, nach hinzukommenden finanziellen Schwierigkeiten totaler Zusammenbruch, Abbruch des Studiums ohne Examen, Versuch einer wissenschaftlich-theologischen Arbeit als Externer.

## 17. Dezember 1927

Gesetz zum Acht-Stunden-Tag in Deutschland.

KLEPPER: Nach Sanatoriums-Aufenthalt Anstellung beim Ev.-Schlesischen-Presseverband, journalistische und Rundfunkarbeit vor christlichem Hintergrund.

BONHOEFFER: Promotion mit öffentlicher Verteidigung. Vier Wochen danach I. theologisches Examen vor dem Konsistorium.

## ab 15. Februar 1928

Drahtloser Fernsprechverkehr zwischen Deutschland und den USA wird aufgenommen.

BONHOEFFER: Vikariat in Barcelona mit neuen Erfahrungen im kirchlichem Dienst.

## 1928

IX. Olympische Sommerspiele in Amsterdam.

BONHOEFFER: Unter den 6000 Deutschen gab es 300 Gemeindemitglieder, die der Gemeinde gegenüber ebenso aufgeschlossen waren, wie dem Deutschtum oder dem Sport. Wirtschaftliche Schwierigkeiten belasteten die Gemeindeglieder. Auf seine Kindergottesdienstinitiative hin erschien zuerst nur ein Mädchen, 15 Kinder am Sonntag darauf, durch Hausbesuche brachte er es bis auf 30. Vertrat vehement Barths Gegensatz von Glaube und Religion. Versuch, mit Gedanken aus Sanct. Comm. ein aufgewertetes Kirchenverständnis ins Spiel zu bringen. Obwohl die Welt eine vergehende ist, ruft er zu tätiger Solidarität mit ihr auf. Drei theologische Vorträge nimmt er ins Programm. Auf die Anfrage, in Barcelona zu bleiben, reagiert er mit vorgesehener Habilitation.

## 1929

Der »Schwarze Freitag« an der New Yorker Börse markiert den Beginn einer Weltwirtschaftskrise.

KLEPPER: Untermieter bei der jüdischen Rechtsanwalt Switwe Hanni Stein in Breslau, sie ist 13 Jahre älter und hat zwei 9-und 7-jährige Töchter Brigitte und Renate. Entwurf des Moderomans »Die große Direktrice«, der nie veröffentlicht wird (Mode wurde ihm zur Metapher für Vergänglichkeit).

BONHOEFFER: Assistent in Berlin bei Lütgert, Nachfolger Seebergs, in Berlin. Tod Harnacks (Juni 1930) und Delbrücks. B.s Umgebung tendierte politisch zur Weimarer Republik, er selbst ging in theologischer Arbeit auf. Freundschaft mit Franz Hildebrandt, einem jungen Theologen jüdischer Herkunft (ging 1937 ins Exil). Doktorarbeit »Sanctorum Communio«, unter Schwierigkeiten veröffentlicht, hatte mäßiges Echo.

## 30. Januar 1930

Erstarken der NSDAP, begünstigt durch weltwirtschaftlicher Gesamtlage (Weltwirtschaftskrise).

KLEPPER: Einzige Predigt in Vertretung seines erkrankten Vaters in Beuthen.

## 18. Juli 1930

Das Reichskabinett beschließt eine Notverordnung zur »Sicherung von Wirtschaft und Finanzen«.

KLEPPER: Verhältnis zu der Quartierswirtin entwickelt sich; von zu Hause missbilligt. Schlaganfall des Vaters macht der Familie auch finanziell zu schaffen. Beitritt zur SPD, stößt auf starke Kritik.

BONHOEFFER: Habilitation, tags darauf II. theologisches Examen, Habilitationsschrift wird unter dem Titel »Akt und Sein« 1931 veröffentlicht. Die im Titel avisierten Gegensätze versucht er im Gedanken »Christus als Gemeinde existierend« zu bündeln. Was in dieser Schrift beginnt, wird 15 Jahre später in den Gefängnisbriefen zur »nichtreligiösen Interpretation« reifen, fußend auf dem Idiom »Jesus, der Mensch für andere«.

## 31. Juli 1930

BONHOEFFER: Antrittsvorlesung als Privatdozent in Berlin. Habilitation erspart ihm das Predigerseminar als Station der kirchlichen Laufbahn, für die Ordination muss aber das Mindestalter von 25 Jahren abgewartet werden.

## September 1930

Bei Wahlen zum fünften Deutschen Reichstag verbessert die NSDAP ihre Mandatszahl von fünf auf 107.

KLEPPER: Einzige Auslandsreise nach Paris.

BONHOEFFER: Aufbruch nach Amerika, dort v. a. Interesse am »Union Theological Seminary« in New York; »Sloane-Fellowship«-Stipendium, Plan eines Indien-Aufenthalts muss verschoben werden. Kirchlich von Anfang an in Anspruch genommen, besonders von den schwarzen Christen fasziniert,

Freundschaft zu farbigem Studenten Frank Fisher (zuletzt Professor in Atlanta, gest. 1960), zahlreiche Reisen innerhalb Amerikas. Sucht in Theologie immer ethischen Anspruch. Von seinen Professoren wird bemerkt, dass sich der eher unpolitische B. zu einem scharfsinnigen pol. Analytiker entwickelt. Durch behördlichen Briefwechsel für das Danach wurde versucht, B. für eine Tätigkeit als Studentenpfarrer zu gewinnen. An der Universität, in die er als aktiver Lehrer zurückkehren wollte, mehren sich die rassenpolitischen Vorbehalte.

## 28. März 1931

Plan der Reichsregierung für eine deutsch-österreichische Zollunion stößt auf internationalen Widerstand.

KLEPPER: 28-jährig standesamtliche Heirat mit der 41-jährigen Hanni Stein, hat völligen Bruch mit den Eltern zur Folge, keine Versöhnung mit dem Vater mehr bis zu dessen Tod. Verlässt SPD.

## Juli 1931

Banken werden vorläufig geschlossen, Devisenbestände über 1000 RM müssen angemeldet werden.

BONHOEFFER: Nach der Rückkehr aus Amerika lernt er Barth in Bonn persönlich kennen, besuchte dessen Veranstaltungen und nimmt Einladungen in sein Haus wahr. Im Ganzen steht er der Theologie Barths aufgeschlossen gegenüber, verteidigt ihn gegen Angriffe, ohne eigene Kritik aufzugeben. Barth hat B. erst gegen Ende dessen Lebens und danach besonders geschätzt.

## September 1931

Ökumenische Konferenz in Cambridge. Prof. Althaus und Hirsch treiben mit einem nationalsozialistischen Bekenntnis einen Keil in die ökumenischen Bemühungen.

KLEPPER: Zieht zuerst allein nach Berlin, Fasanenstraße 70.

BONHOEFFER: Nimmt an Konferenz teil und wird einer der drei europäischen Jugendsekretäre. Engagement im »Weltbund«, findet zahlreiche Kontakte, wenn auch die Arbeit durch Ökonomie und Rassismus erschwert ist. Zieht Minderheit der

Theologiestudenten an, die kritisch bis ablehnend zum Nationalsozialismus stand, Vorstufe zum »gemeinsamen Leben« in Finkenwalde. Schätzt Lehre im Seminargespräch mehr als monologische Vorlesungen.

### 15. November 1931

»Boxheimer Dokument« der NSDAP, Entwurf über Sofortmaßnahmen zur Machtergreifung wird bekannt.

BONHOEFFER: Wird nach Erreichen des 25. Lebensjahrs mit der Ordination in den kirchlichen Dienst übernommen. Nach Einsatz in Cambridge absolviert er ein Hilfsdienstjahr in der Studentenseelsorge. Wird beauftragt, eine außer Kontrolle geratene Konfirmandenklasse im Wedding zu übernehmen. Umzug in deren Nähe, um immer für sie da zu sein.

### 28. Februar 1932

Hitler wird in Braunschweig zum Regierungsrat ernannt und damit deutscher Staatsbürger.

BONHOEFFER: Erste Bewerbung um eine Pfarrstelle in der Bartholomäusgemeinde, die sich aber für den volkstümlicheren Lic. Pätzold entscheidet. Zweiter Versuch einer Pfarrstellenbewerbung, gemeinsam mit Hildebrandt, scheiterte an dessen jüdischem Hintergrund. Treffen im Jacobi-Kreis mit späteren Vorbereitern des Pfarrernotbundes. Legt Wert auf eindeutig jesuanische Predigt, wählt wesentliche Bibeltexte selbst aus. Als ehemaliger ökumenischer Jugendsekretär findet er zu Hause wenig ökumenisches Verständnis. Durch die Auseinandersetzungen bei den internationalen Konferenzen, an denen B. als deutscher Jugendsekretär teilnimmt, lernte er ökumenische Persönlichkeiten kennen wie den englischen Bischof Bell, der ab 1932 den Vorsitz von »Life and Work« innehat.

### 13. März 1932

Hitler kandidiert zum ersten Mal für das Amt des Reichspräsidenten, unterliegt aber gegen Paul von Hindenburg.

BONHOEFFER: Tag der ersten Konfirmation, Gelöbnis umformuliert, damit die Jugendlichen nichts versprechen mussten, was sie nicht halten konnten. Fahrt mit einigen Konfirmanden auf seine Kosten ins Wochenendhaus der Eltern.

## 29. März 1932

KLEPPER: Mietet eine Wohnung und holt die Familie nach Berlin-Südende, Berliner Straße 20.

BONHOEFFER: Zeit theologischer Auseinandersetzungen (z.B. um die luth. Zwei Reiche Lehre).

## 15. November 1932

KLEPPER: Durch Dr. Harald Braun, den K. vom Schlesischen Presseverband her kennt und der in Berlin beim Rundfunk in der Masurenallee eine leitende Stellung hat, bekommt er die Chance, ihm zuzuarbeiten, woraus eine kleine Anstellung wird.

## 30. Januar 1933

Hindenburg ernennt Hitler zum Reichskanzler.

## 1. Februar 1933

Ökumenische Tagung in Berlin.

KLEPPER: Rechnet nach Machtergreifung Hitlers mit Entlassung aus dem Funk. Hofft, noch bis März bleiben zu können.

BONHOEFFER: Referiert im Radio über den »Führerbegriff« und wird vorzeitig abgeschaltet. Meidet dieses Medium daraufhin.

## 27./28. Februar 1933

Reichstagsbrand, der Hitler zur Notverordnung veranlasst, die ihm alle Vollmachten in die Hand gibt und erst am 8. Mai 1945 außer Kraft gesetzt wird.

KLEPPER: Tagebuch: »Ich sehe mein Feld immer kleiner werden.«

## 23. März 1933

Ermächtigungsgesetz Hitlers wird über Verfassung gestellt.

KLEPPER: TB 27.3., Würdigung des Judentums: » ... mir ist, als gäbe die Heilsgeschichte der Juden der Weltgeschichte den Sinn.«

## 7. April 1933

Gesetz zur Wiederherstellung des Berufsbeamtentums; Juden werden aus entsprechenden Stellungen entlassen (Arierparagraph). Hitler setzt Ludwig Müller als Reichsbischof ein, obwohl Bodelschwing gewählt worden ist.

BONHOEFFER: Die so genannte »Judenfrage« wird zum Kriterium, sich dem Nationalsozialismus zu widersetzen. Artikel gegen die Einführung des Arierparagraphen in der Kirche. Engagiert sich neben seiner Christologie-Vorlesung in der »Jungreformatorischen Bewegung«, einer Gruppe oppositioneller Berliner Theologen.

## 10. Mai 1933

Verbrennung von Büchern unliebsamer Autoren vor der Berliner Universität.

## 7. Juni 1933

Studentenkampfbund Deutscher Christen (=DC) organisiert sich an den Universitäten. In Breslau verlassen 200 von 300 Studenten den Saal, als Zustimmung für Reichsbischof Müller abgegeben werden soll.

KLEPPER: Entlassung aus Rundfunk; zunächst noch einige kleine anonyme Aufträge, die bald ausbleiben Roman »Der Kahn der fröhlichen Leute«, der sein Abschied von der Heimat an der Oder ist, erscheint und bestätigt ihn als Autor.

BONHOEFFER: Rede auf Versammlung der Opposition in Berlin, versucht gegen Müller, aber durchaus für eine loyale Kirche zu votieren. Warnt vor einer Nazifizierung der Kirche, die zur Spaltung führen muss.

## 20. Juni 1933

Hitlers Konkordat mit dem Vatikan verspricht durch Rücknahme von Repressalien, die ev. Kirche zu befrieden.

BONHOEFFER: Versuch, mit einem Beerdigungsstreik die Pfarrer zum Protest zu organisieren, misslingt. Zusammen mit Hildebrandt Überlegung, aus der Kirche auszutreten.

## 27. Juli 1933

Kirchenwahlen sollen die DC demokratisch legitimieren, tatsächlich bekommen sie 70% der Wählerstimmen.

KLEPPER: Arbeitsbeginn beim Ullstein-Verlag.

BONHOEFFER: Mit Überlegungen zur Bekenntnisgrundlage befasst, sieht er sich zugleich in London eine Pfarrstelle an.

## August 1933

Auf der Funkausstellung in Berlin wird der erste Volksempfänger unter dem Motto vorgestellt: »Der Rundfunk dem Volke.«

KLEPPER: TB: »Wenn ein unpolitischer Mensch in ein politisches Zeitalter gerät, ist es fast, als ob er unter die Räder kommt.«

BONHOEFFER: Seine Meinung, einer Kirche nicht mehr angehören zu können, die Juden ausschließt, verfestigt sich. Als lutherischer Theologe durchlebt er auch insofern eine politische Wandlung, als er 1933 noch davon ausgegangen war, dass die Kirche staatliche Gesetze weder zu loben noch zu tadeln habe. Dreierlei verlangt er schon 1933 von der Kirche:1. Legitimität staatlichen Handelns anzufragen, 2. Fürsorge für Opfer staatlichen Handelns und 3. über die Hilfe für die unter das Rad gekommenen Opfer hinaus dem Rad in die Speichen zu greifen!

## September 1933

»Braune Synode« (= altpreußische Generalsynode) beschließt, »Arierparagraphen« auch in die Kirche zu übernehmen. In Folge werden auch berühmte Persönlichkeiten wegen ihrer so genannten jüdischen Abstammung entlassen.

KLEPPER: Wie bei der Entlassung aus dem Rundfunk, wird die Ehe mit einer Jüdin zunehmend zum beruflichen Hindernis. Idee für ein neues Buch. TB 13.9.: » ... und dann, mitten beim Abendbrot durchfährt es einem auf einmal am ganzen Körper: Das ist das neue Buch! Der Vater. Die Geschichte Friedrich Wilhelm I.« Zwei Jahre arbeitet er an der Rohfassung des Romans »Der Vater«.

BONHOEFFER: Verfasst ein Flugblatt gegen Synode, ist als einziger Pfarrer entschieden gegen Ausschluss der Juden. Auf Anfrage empfiehlt Barth, sich nicht von der Kirche zu trennen, sondern die Trennung ihr zu überlassen. Solidarische Christen gründen mit den sog. Nichtariern den Pfarrernotbund, zu dem sich schließlich 6000 Pfarrer bekennen.

### 15.-20. September 1933

Weltbundtagung in Sofia.

KLEPPER: Eintritt in die Reichsschrifttumskammer, notiert in sein Tagebuch, dass am Nationalsozialismus nichts vorbeiführe.

BONHOEFFER: Teilnahme an Weltbundtagung. Es gelingt ihm, gegen den offiziell gesandten Kirchenpolitiker Th. Heckel die wahre Gefahr in Deutschland öffentlich zu machen.

### 27. September 1933

Beginn der Nationalsynode in Wittenberg.

BONHOEFFER: B. und Hildebrandt verteilen Flugblätter. Beide nehmen wegen einer Freikirchengründung Verbindung zu den Altlutheranern auf, die ohne Ergebnis bleibt. Obwohl B. dem Reichsbischof gegenüber betont, er werde sich auch in London nicht zur DC bekennen, darf er dennoch ins Auslandspfarramt.

### 29. September 1933

Ludwig Müller wird zum Reichsbischof gewählt, was die Braune Synode deutschlandweit bestätigt.

### 14. Oktober 1933

Hitler erklärt dt. Austritt aus dem Völkerbund, auch die Kirche gratuliert dazu.

BONHOEFFER: B. befürchtet, eine Verstärkung der Kriegsgefahr.

### Mitte Oktober 1933

BONHOEFFER: Anstellung in zwei der sechs dt. Londoner Gemeinden; lehnt Bestätigung durch dt. Reichskirche ab. Teilt Gehalt und Wohnung mit Hildebrandt, der wegen nichtarischer

Herkunft aus der Kirche ausgeschlossen ist und sich nicht auf den Pfarrernotbund einlässt. Bleibt durch Telefonate, Briefe und häufige Reisen mit Berlin eng verbunden, verfolgt politische Entwicklung in Deutschland. Es gelingt B. z.B., über den aus der Ökumene bekannten Bischof Bell (Präsident des ökumenischen Rates) gute Kontakte zur englischen Öffentlichkeit herzustellen und die Wahrheit über die kirchlichen Vorgänge im Nazideutschland bekannt zu machen. Beginnt Neuerungen einzuführen und sensibilisiert Gemeinden für die zunehmende Zahl deutscher Flüchtlinge. Seinem bedrängenden Predigtstil entziehen sich viele. Die »Nachfolge«, stark eschatologisch geprägt, ist häufiges Thema.

### 13. November 1933

Kundgebung der DC im Berliner Sportpalast, die zu Amtsenthebungen der nichtarischen Pfarrer und der Eliminierung des AT aufruft. Infolge dessen zunächst staatliche Einmischungen in die Kirche, dann pro forma Rückzug Hitlers.

BONHOEFFER: Sportpalastkundgebung stärkt Bs. Position in London. Niemöller holt Hildebrandt aus London, um die Geschäfte des Pfarrernotbundes zu führen.

### Dezember 1933

Reichsbischof Müller entscheidet weiter selbstherrlich und übergibt per Anordnung die gesamte kirchliche Jugendarbeit der Hitlerjugend.

### 25./26. Januar 1934

Kirchenempfang bei Hitler, der Niemöller wegen eines abgehörten Telefongesprächs am 26.1. suspendiert.

BONHOEFFER: Auslandspfarrer werden in einem kirchlichen Rundschreiben zur Zurückhaltung aufgefordert.

### 8. Februar 1934

Kirchlichen Auslandsreferent Heckel besucht London, beschwichtigt die dt. Ausandspfarrer einerseits, droht andererseits mit Konsequenzen; auch Bischof Bell versucht er zum

Schweigen zu bringen. Sein Einsatz für die offizielle Kirche führt nicht zum erhofften Befriedungsergebnis.

BONHOEFFER: Entwirft für diesen Besuch mit Kollegen ein 6-Punkte-Programm. Besuch endet mit Streit über ein Schlussdokument. Heckel und B. scheiden als gleichberechtigte Gegner für die ökumenischen Belange der Deutschen. In die deutsche Botschaft einbestellte Kirchenvorsteher fallen B. in den Rücken, werden aber von einer Gemeindeversammlung überstimmt. B. kommt zu dem Schluss, dass Hitler verstockt sei und nicht er, sondern die Herzen der Gläubigen zu Gott bekehrt werden sollten. Bedrängt Bischof Bell, die deutsche BK den DC vorzuziehen. B.s Aktivitäten in England empören die Mächtigen in Staat und Kirche in Deutschland und gefährden ihn außerordentlich.

## 5.–10. März 1934

BONHOEFFER: Wird von der offiziellen Kirche nach Berlin gebeten und bei Heckel, der als Leiter des kirchlichen Außenamtes zum Bischof ernannt worden ist, zu ernsthaften Ermahnungen einbestellt. Verweigert die geforderte Unterschrift, sich aller ökumenischen Aktivitäten zu enthalten. Veranlasst Bell, in einem Hirtenbrief an alle ökumenischen Kirchen vor der dt. Reichskirche zu warnen.

## 29.–31. Mai 1934

Barmer Bekenntnissynode (Theol. Erklärung).

BONHOEFFER: Ist daran nur im Vorfeld beteiligt, begrüßt aber das faktische Ergebnis, dass eine innerkirchliche Opposition nun zur eigenen BK wird.

## 30. Juni 1934

Zuwachs der Macht Hitlers durch Röhm-Revolte.

BONHOEFFER: Hält in seiner englischen Gemeinde eine Bußpredigt. Die politischen Ereignisse wirken auf B.s Fanö-Vorbereitung ein: Er will nur deutsche Teilnehmer, die sich von der Reichskirche losgesagt haben. Während diese als offizieller Vertreter auf Alleinvertretung besteht.

## 25. Juli 1934

Ermordung des Wiener Bundeskanzlers Dollfuß.

## 2. August 1934

Reichspräsident Paul von Hindenburg stirbt, Hitler übernimmt Amt als Reichskanzler, kirchliche Presse wird geknebelt und ein Eid der Pfarrer auf den Führer beschlossen. Auch die BK feiert Hitler als Retter der Nation.

## ab 22. August 1934

Ökumenische Konferenz in Fanö (Schweden).

BONHOEFFER: B. tritt für eine Stellungnahme zur Entwicklung der Kirche in Deutschland ein. Der offiziellen Reichskirche unter Heckel gelingt es, Proteste dagegen einzubringen und das deutsche Bild schön zu färben. B. referiert über einen Friedenskatechismus, der ihm unter den Zeichen eines kommenden Krieges besonders wichtig ist, und begründet die Friedensinitiative des Weltbundes von seiner christlichen Ekklesiologie her. In einer Morgenandacht über Ps. 85,9 bringt er den Gedanken des Konzils ins Spiel, durch den eine vollmächtige Weltversammlung aller Christen zum Frieden finden müsse: Christen können nicht die Waffen aufeinander richten, weil sie sie damit gegen Christus richteten. Noch radikaler war die zur gleichen Zeit stattfindende Jugendkonferenz, in der B. das Christentum über den Nationalstaat erklärt und über Kriegsdienstverweigerung nachdenkt.

## 28. August 1934

Volksabstimmung: Mehrheit entscheidet sich für die Vereinigung der Ämter des Reichspräsidenten und des Reichskanzlers.

KLEPPER: TB: »Augen und Ohren sind mir übergegangen, wer alles NS geworden ist. Nach menschlichem Ermessen kann ja dieses schreckliche Abenteuer beinahe nicht anders enden als mit einem unglücklichen Kriege ...« Von seinem religiösen Obrigkeitsverständnis her lehnt er dennoch die Zersplitterung der Kirche in Deutsche Christen und BK ab.

## 23. September 1934

Amtseinführung von Reichsbischof Müller im Berliner Dom ohne ökumenische Beteiligung. In Folge Landesbischöfe unter Hausarrest, was Hitler wieder aufhebt.

## 20. Oktober 1934

Dahlemer Beschlüsse zur Gründung einer Notkirche (Bekennende Kirche = BK).

BONHOEFFER: B. versucht in London seine Gemeinden der Notkirche anzuschließen, was Trennung von der Reichskirche bedeutet.

## Januar 1935

Abstimmung zur Eingliederung des Saargebietes.

BONHOEFFER: Für eine Anthologie des Eckart-Verlages steuerte K. drei Gedichte bei, dazu das erste Lied über das Kirchenjahr »Du bist als Stern uns aufgegangen«. Weitere Kirchenlieder entstehen später.

## Frühjahr 1935

KLEPPER: B. folgt dem Ruf der BK, in Dtl. eines der illegalen Predigerseminare zu leiten. Aufgabe des mehrfach erwogenen und weitgediehenen Plans einer Indienreise, von der er sich geistliche Hilfen für den Widerstand gegen Hitler erhoffte. Auf Vermittlung von Bischof Bell Besuch klösterlicher Einrichtungen in England, wo er besonders das Zusammenleben der Beteiligten studiert.

## 26. April 1935

BONHOEFFER: Sucht mit einigen Kandidaten zum erstmals den Zingsthof auf, der das Predigerseminar ca. acht Wochen beherbergt.

## 1. Mai 1935

Wehrgesetz: Wiedereinführung der allgemeinen Wehrpflicht in Deutschland.

KLEPPER: Zugleich werden Repressalien gegen Juden schärfer. Als Betroffener erlebt K., was Normalbürger erst 1938 durch die sog. »Reichskristallnacht« ahnen können.

## 6. September 1935

BONHOEFFER: Antrag an den Bruderrat der BK für ein Brüderhaus in Finkenwalde bei Stettin (Pommern), das er in den folgenden zwei Jahren mit einer kleinen Gruppe führt. Von da aus weitere kirchliche Aufgaben der BK im Umkreis.

## 15. September 1935

Hitler verkündet Reichsbürgergesetz (= Nürnberger Rassengesetze zur Judenverfolgung).

## 23.-26. September 1935

KLEPPER: Die Familie baut dennoch ein neues Haus. Ausgleich der Sehnsucht nach »dem Pfarrhaus« als Rückzugsort mit der Sorge um den drohenden Verlust des Vermögens seiner Frau. Am 25. September Einzug in der Karlsstraße 6.

BONHOEFFER: Predigerseminar tritt als »pressure group« in Steglitz auf, wo ein Beauftragter Kerrls auf der BK-Synode spricht. Anlass für das Predigerseminar ist eine Klausel der Nürnberger Rassengesetze, die in die BK einfließen sollen. B., der selbst kein Synodaler ist und nicht sprechen darf, ist von der vergebenen Chance für die getauften Juden tief betroffen.

## Oktober 1935

KLEPPER: Kündigung der zwar ungeliebten, aber mit regelmäßigen Einkünften verbundenen Arbeit im Ullstein-Verlag.

BONHOEFFER: Familie B. bezieht ein Haus in der Marienburger Allee gegenüber einem Neubau der Fam. Schleicher, wo B. 1943 verhaftet wird.

## 1. November 1935

Kirchliche Hochschulen werden am Tag ihrer Gründung offiziell verboten.

KLEPPER: Gottesdienste erlebt er jetzt als Hörer so: Man braucht dringend einen Zentner Kartoffeln und bekommt ein Päckchen Pfefferkuchen (bei H. Grosch).

BONHOEFFER: Trotz all dieser Unsicherheit vermag es B., im Predigerseminar eine gute Atmosphäre von Arbeit und geistlichem Zusammenleben zu schaffen. Durch die politischen Ereignisse seit 1933 trat die Eschatologie mehr in sein theol. Interesse, wobei die »Nachfolge« konkreter wird. Andachten werden wichtiger. Eigentlich gab es nur die eine Regel, dass über einen Abwesenden nicht geredet werden darf bzw. dieser darüber informiert werden muss. Nicht mit allen Abläufen kann B. sich durchsetzen, aber mit vielem lockt er die Kandidaten, z.B. mit der Lust am Musizieren. Stoff für Diskussionsabende ist z.B. das Gesetz über die Wehrpflicht. Den Kandidaten ist nur schwer zu vermitteln, dass damit ein Schritt zu einem furchtbaren Krieg getan ist. Sie fühlen vor allem Triumph gegenüber der »Versailler Schmach«. Viele meinen damit ihre vaterländische Gesinnung beweisen zu können, die ihnen wegen der Zugehörigkeit zu BK abgesprochen wurde. Pazifistische Gedanken B.s kommen nur schwer an. Hermann Stöhr, wegen Kriegsdienstverweigerung hingerichtet, hatte Kontakt zum Predigerseminar. Barths Zustimmung zum Beamteneid unter Zusatz der Formel »soweit ich es als Christ verantworten kann« wird heiß diskutiert. Mit seiner Haltung ist Barth auch der BK unbequem. Über Finkenwalde verbreitet sich der zweifelhafte Ruf katholisch, schwärmerisch usw. zu sein, der viele eher anzieht. Die Kandidaten machen auch in der pommerschen Kirche von sich reden. B. wird mit dem Landadel bekannt, zu dem Patronatsherren gehören, die das Seminar unterstützen (von Bismarcks, von Wedemeyers). Die Liturgie steht unter dem Gesichtspunkt: »Nur wer für die Juden schreit, darf gregorianisch singen«. Starkes Gewicht hatte die Homiletik, die für B. zum Proprium von Kirche gehört. Außerdem bringt B. die Bekenntnisschriften neu zur Sprache. In seinem 1935 veröffentlichten Aufsatz »Die Bekennende Kirche und die Ökumene«, arbeitet er den Stellenwert des Bekenntnisses in der Auseinandersetzung mit den DC heraus. Dieser Aufsatz wird nicht zur Kenntnis genommen. Vielmehr versucht die Ök. weiterhin mit der die

Rassenprobleme schönfärbenden Reichskirche wie mit der sie bekämpfenden BK Kontakte zu pflegen. Gerade das lutherische Bekenntnis scheint B. durch das Ernstnehmen der Buße ein ökumenisch offenes zu sein.

## 2. Dezember 1935

»V. Verordnung zur Durchführung des Gesetzes zur Sicherung der Dt. Ev. Kirche« verbietet alle Arbeit der BK.

KLEPPER: Nach Gd. in der Adventszeit empfindet er »Märtyrertheater« bei Pastoren die zur BK gehören (bei R. Thalmann). Ebenso reagiert er noch später auf die Verhaftung seiner ehem. Kommilitonin Katharina Staritz und kritisiert ihren »Märtyrerweg« (TB vom 12.3.42).

BONHOEFFER: Finkenwalde wird zunehmend in die Illegalität gedrängt. Zunächst bleiben die Kandidaten trotz ungewisser beruflicher Zukunft fest, erst allmählich greift die Verordnung. Bell wird bei einem Besuch in Berlin von Hitlerstellvertreter Heß und Kerrl wegen der Juden- und Kirchenfrage besänftigt.

## 1936/37

Letzte Phase in Finkenwalde.

BONHOEFFER: Während des Predigerseminars ruht bei B. die Ökumene bis auf wenige Einsätze. Er überwirft sich mit Genf, weil er allein die BK als deutsche Stimme gelten lassen will, dort aber die Reichskirche ebenfalls gehört wird. Als B. bemerkt, dass seine pazifistischen Wünsche nicht berücksichtigt werden, zieht er sich von der ökumenischen Jugendkonferenz und anderen Aktivitäten zurück.

## 10. Januar 1936

Pommerns BK löst sich von der Reichskirche, Kanzelabkündigung.

BONHOEFFER: Einer der Kandidaten entscheidet sich für die Reichskirche. Wegen der Diskussionen über die BK bekommt diese etwas vordergründig Kämpferisches, von dem die anscheinende Souveränität der Reichskirche absticht.

## 17.-22. Februar 1936

Reichssynode in Oeynhausen.

KLEPPER: Als K.s Mutter erkrankt, entschließt er sich zu einer »gequälten« Versöhnung mit ihr.

BONHOEFFER: Anlass zu seinem Aufsatz über die Kirchengemeinschaft (Juni 1936 in »Ev. Theol.«). Anstoß erregt der Satz, dass derjenige, der sich der Reichskirche zuwendet, das Heil verliert.

## 1.-10. März 1936

Das Abzeichen der NSDAP wird zum Hoheitszeichen des Dt. Reiches erhoben.

BONHOEFFER: Schwedenreise des Seminars; obwohl den Kandidaten Zurückhaltung im Bezug auf die Vorgänge in Deutschland empfohlen wird, kommt die Wahrheit ans Licht. Deutsche staatliche Stellen versuchen im Nachhinein, B. wegen der Reise zu beschuldigen. Der Auslandsbischof Heckel warnt vor B. als Pazifisten und Staatsfeind.

## April 1936

Der Volksgerichtshof wird vom Provisorium zum ständigen Gericht umgewandelt.

BONHOEFFER: Allein von Finkenwalde aus gelang es noch, Theologiestudenten wahrheitsgemäß vom Kirchenkampf zu unterrichten und für diesen zu gewinnen. Einrichtung eines Konvikts in Greifswald. Ein Aufsatz über Esra und Nehemia, der aus einer Freizeit hervorgegangen ist, und vordergründige politische Parallelen zieht, stellt B.s Ruf eines alttestamentlichen Auslegers in Frage.

## 4. Juni 1936

Die BK übergibt Hitler eine Denkschrift in Frageform.

BONHOEFFER: Als Hitler sich sechs Wochen lang nicht dazu äußert, veröffentlichen die Baseler Nachrichten die Denkschrift wörtlich. Die BK beteuert ihre Unschuld und veranlasst die Gestapo zur Aufklärung, weil man insgeheim meint, staatliche Stellen hätten die Veröffentlichung veranlasst, um der Kirche einer Indiskretion vorwerfen zu können. Stattdessen wird zwei B.-Schülern die Veröffentlichung nachgewiesen.

## 1. August 1936

Olympiade in Berlin. Die Reichskirche legt Wert auf ein Gottesdienstzelt auf dem Campus, BK-Pfarrer werden nicht beteiligt.

KLEPPER: Inspiriert K. zu Gedichten.

BONHOEFFER: Die BK hält Veranstaltungen ab, auf denen auch B. spricht, zum letzten Mal in seinem Leben vor einer großen Zuhörzahl. Fürbitte für Bedrängte und Gefangene gehören ebenso zu Finkenwalde wie Musik und Spiele. 36 Kirchspiele werden besucht. Das Seminar veranstaltet Volksmissionseinsätze, die die ganze Botschaft enthalten, und trifft auch auf starken Widerstand.

## 5. August 1936

Reichsparteitag der NSDAP.

BONHOEFFER: Endgültiger Entzug der Lehrbefugnis an der Universität.

## 21. August 1936

Ökumenische Konferenz in Chamby.

BONHOEFFER: BK und DC halten Distanz, Bischof Bell bemüht sich, beide zusammenzuführen. Als die offiziellen deutschen Teilnehmer die Judenfrage ins Spiel bringen, antwortet der ökumenische Rat mit einer allgemeinen Floskel zum Schutz aller Rassen. B. ist enttäuscht und kann im Ökumenischen Rat das erhoffte Conzilium nicht finden.

## 23. August 1936

In einer BK-Kanzelabkündigung wird der Inhalt der Hitler gestellten Fragen bekannt gemacht und die ausgebliebene Antwort erwähnt. Die Gestapo registriert die Verleser, hat aber keinen Befehl zu weiteren Aktionen.

## 1936/37

KLEPPER: Silvester 1936 letzte Korrekturen für das Buch »Der Vater«. Erscheint als K.s Hauptwerk am 15. Februar 1937 und schildert die äußere und innere Geschichte Friedrich Wilhelms I. von Preußen, des Vaters Friedrich des Großen. An der Gestalt des Soldatenkönigs zeigt K. die tragische Spannung zwischen Herrscheramt und christlichem Gewissen. Glaube und Verantwortung erheben den König zur (idealen) Vaterfigur. Der Roman setzt mehrere Gesichtspunkte künstlerisch um: K.s Obrigkeitsideal nach Römer 13 (»Jedermann sei untertan der Obrigkeit, die über ihn Gewalt hat«) und seinen preußischen Nationalpatriotismus. Zugleich klingt im Roman ein geheimer Protest gegen Tyrannei und Despotismus, gegen den Ungeist der diktatorischen Zeit an. Merkwürdigerweise wird das Buch anerkannt und verkauft sich gut. Häufig sind Offiziere seine Leser, Hitler selbst verschenkt das Buch gelegentlich.

BONHOEFFER: Letzter Finkenwalder Kurs. Theologisch spielt das Thema »Gesetz und Evangelium« eine Rolle. Der Befund der Bibel soll zur Klärung eigener Positionen zu zeitgenössischen Arbeiten (Barth) führen. Außerdem hat B. ein waches Auge darauf, dass der aktive Nachwuchs (Ebeling, Krause) gefördert wird und theologisch brisante Fragen (Hermeneutik) aufgegriffen werden. Zugleich beschäftigt ihn die Ethik.

## Januar 1937

Das Ermächtigungsgesetz von 1933 wird um vier Jahre verlängert.

KLEPPER: TB: »Hitler ist gottlos, aber der Bolschewismus ist schlimmer.«

## Februar 1937

Im Streit um Beteiligung der verschiedenen Gruppen an ökumenischen Konferenzen im Ausland wird politisch entschieden, Pässe nur an staatlich empfohlene Teilnehmer auszugeben. Von nun an ist nur noch Heckels Außenamt in der Ökumene vertreten.

BONHOEFFER: B. benutzt seinen letzten Aufenthalt in London, um Bischof Bell ausführlich über Hitlers Umgang mit der Kirche zu unterrichten und von ins KZ eingelieferten Theologen zu berichten. Die Einschränkungen für die BK werden immer größer, so waren Gd. in »unkultischen« Räumen verboten wie auch das Kollektieren außerhalb der offiziellen Sammlungsgenehmigungen und Vervielfältigungen. Verhaftungen wegen des Verstoßes gegen Maßnahmen wurden häufiger.

## März 1937

Juden werden vom Reichsarbeitsdienst ausgeschlossen.

KLEPPER: Bereits einen Monat nach dem Erscheinen des großen Romans Ausschluss aus der Reichsschrifttumskammer, bei Eintritt hatte er schlechten Gewissens alle Zugeständnisse gemacht. Damit ist ein Veröffentlichungsverbot verbunden. Auf Bitten und durch Fürsprache erhält er am 10. Juni eine Ausnahmegenehmigung bis zur endgültigen Klärung.

## 1. Juli 1937

Niemöller in Haft (bis 1945).

BONHOEFFER: Während der Durchsuchung bei Niemöller werden B. und andere der vorläufigen Leitung unter Hausarrest gestellt. Hildebrandt, der N. vertritt, kommt für vier Wochen in Haft, kann aber durch Intervention der Familie B. freikommen und nach England emigrieren.

## 28. November 1937

Gestapo löst Finkenwalde auf.

## Ende Oktober 1937

Fest der deutschen Kirchenmusik in Berlin.

KLEPPER: Dazu erscheint in letzter Minute ein Sonderdruck mit K.s Liedern: »Du bist als Stern ...«, »Mein Gott, dein hohes Fest ...«, »Die Menschenjahre dieser Erde ...«

## November 1937

BONHOEFFER: Nach Schließung des Predigerseminars versucht die BK bei Ortspfarrern Sammelvikariate einzurichten, die B. betreut (1. Kurs ab 5.12.). Wegen Einberufung zum Heer endet die Arbeit mit Kriegsbeginn.

## 1. Advent 1937

BONHOEFFER: »Nachfolge« erscheint. B. bleibt ohne Anstellung und bis zum Ende seines Lebens ohne festen bürgerlichen Wohnsitz.

## Weihnachten 1937

KLEPPER: H. Poelchau schreibt an K., dass er die neuen Gedichte noch in die Weihnachtspredigt der Haftanstalt einfügen könne. Das Neujahrslied »Der du die Zeit ...« widmet er in der Erstfassung der letzten Strophe Harald und Dorothee Poelchau.

BONHOEFFER: 27 ehemalige Finkenwalder befinden sich in Haft.

## 1938

KLEPPER: K.s neues Haus fällt dem Zwölfjahresplan der Bebauung der Reichshauptstadt Berlin zum Opfer. Vertraut seine streng am Bibelwort entstandene Lyrik Kurt Ihlenfeld zur Veröffentlichung im »Eckart-Verlag« (Witten und Berlin) an.

BONHOEFFER: Aufenthaltsverbot für Berlin (nach Intervention der Eltern werden private Besuche ausgenommen).

## März 1938

Anschluss Österreichs an Deutschland.

## 20. April 1938

Friedrich Werner, Präsident der Kirchenkanzlei, ordnet im Amtsblatt für alle aktiven Pfarrer einen Eid auf den Führer an.

BONHOEFFER: Die Kirche versucht, den Eid zu legitimieren, weil Pfarrer künftig als Beamte angestellt werden. B. distanziert sich wie Barth von der Zustimmung der BK.

## 25. August 1938

KLEPPER: Grundsteinlegung Nikolassee, Teutonenstraße 23.

## 9. September 1938

Generalstabschef Beck entscheidet sich gegen Hitlers Kriegspläne und tritt zurück. Hitler gelingt es, die jüngeren Generäle für seine Pläne zu begeistern.

BONHOEFFER: Begleitet seine Schwester Sabine und Schwager auf der Fahrt in die Emigration.

## September 1938

K. Barth ermutigt die Tschechoslowakei zum Widerstand und erklärt diesen zum Dienst für Deutschl. u. seine Kirche. Daraufhin entzieht der Kirchenminister allen abtrünnigen Pfarrern das Gehalt.

KLEPPER: Wegen des Neujahrsliedes »Der du die Zeit ...« wird K. vom Lektor der Reichsschrifttumskammer einbestellt und mit vernichtender Kritik wegen knechtischer Haltung bedacht. K. kommentiert: »Also geht es nicht um mich, sondern um die Sache Christi!«

BONHOEFFER: Gebetsliturgie mit Schuldbekenntnis der BK zur Verhinderung eines Krieges.

## Mitte September 1938

KLEPPER: Das Bändchen »Kyrie« erscheint, es enthält 16 geistliche Gedichte. Später wird es auf 30 erweitert und noch später wegen Papiermangels abgeschrieben weitergegeben. K. bekommt am 18. September die ersten fünf Exemplare des »Kyrie« übergeben.

BONHOEFFER: Die auf Dahlem ins Predigtamt ordinierten illegalen Pfarrer handeln zwar nicht gegen ein Verbot, kommen aber ständig mit dem Heimtückegesetz, den Kanzelparagraphen, das Sammlungsgesetz des Himmler-Erlasses oder des Pressegesetzes in Konflikt. Zudem wirbt die Reichskirche um sie. B. versucht, die Betroffenen seelsorgerlich zu unterstützen. Dem polit. Druck und der finanziellen Not fallen die meisten regionalen Bruderräte zum Opfer. Mit Bethge arbeitet er im Göttinger Haus der Familie Leibholz, die emigriert ist, am »Gemeinsamen Leben«.

## 29./30. September 1938

Im Münchner Abkommen wird verfügt, dass das Sudetenland (Grenzgebiet Böhmens) an Deutschland abgetreten werden muss. Zugleich einigen sich Hitler und Chamberlain darauf, dass England und Deutschland nie wieder Krieg gegeneinander führen. Damit ist eine erwogene Putschmöglichkeit geplatzt.

## 5. Oktober 1938

Pässe der »Nichtarier«, denen kein »J« eingestempelt werden kann, werden für ungültig erklärt.

## 3. November 1938

KLEPPER: Kirchenmusiker bei K., um ihm Melodievorschläge für die Kirchenlieder vorzutragen.

BONHOEFFER: B. muss sich wie jeder wehrfähige Mann bei der polizeilichen Meldebehörde in das »Wehrstammblatt« eintragen lassen, das ihn verpflichtet, alle Veränderungen zu melden.

## 11. November 1938

KLEPPER: Hanni lässt sich am 4. Advent taufen, zugleich wird die kirchliche Trauung nachgeholt. Weihnachten notiert K. die Verschärfung der Judengesetze, Zwangsscheidungen usw. hätten ihm die »Obrigkeit« zertrümmert.

## 1938/39

BONHOEFFER: Bs. politisches Bewusstsein wird von den Zeitereignissen sowie den Erlebnissen in Kirche und Familie immer stärker beeinflusst. Seine Aktivitäten lassen sich vor allem aus fehlenden Seiten seines Kalenders in politisch kritischen Tagen (Putschversuche) vermuten. Hatte er zunächst öffentlich mit allen Konsequenzen protestiert, suchte er jetzt Verbindung zu jenen, die über, oppositioneller Gesinnung an den Schalthebeln zu bleiben versuchten. Dabei wusste er, dass »wer das Schwert nimmt, durch das Schwert umkommen würde«. Denn sollte Hitler zuerst nur ausgeschaltet und für psychisch krank erklärt werden, blieb nach vergebenen Chancen ab 1939 nur noch seine physische Ausschaltung, die sich aber als äußerst schwierig herausstellte. Seine theologischen Überzeugungen und sein Handeln versucht B. in einer theol. Ethik zu bündeln. Er knüpft an seine, seit 1932/33 ruhenden Überlegungen an. Die Vorarbeit beginnt in diesen Tagen durch Lektüre und beschäftigt ihn bis zu seinem Tod in der Haft. Seine »Ethik« bleibt ein Fragment.

## 1. Januar 1939

Alle Juden, ob getauft oder nicht, müssen als zweiten Vornamen »Sara« oder »Israel« im Pass führen.

KLEPPER: Nimmt das existentielle Leid, das die Judenverfolgung über seine Familie brachte, bewusst an. Auf der Seite des Leides zu sein, ist seine Form des Widerstands. TB, 23.1.: »Große Sehnsucht Kirchenlieder zu schreiben; und kein Tag lässt es mehr zu.«

## 28. Januar 1939

Altpreußische Epiphaniesynode von Nikolassee warnt vor Übergang der BK in die Legalität der staatsgelenkten Konsistorien.

BONHOEFFER: Die Auseinandersetzungen führen zu keiner Lösung, erst der Krieg und Bonhoeffers USA-Reise schaffen Fakten.

## 10. März 1939

BONHOEFFER: Englandreise. Treffen mit Schwester und Freunden, Versuch, die ökumenischen Kontakte der BK zu erneuern. Leider gelingen die Bemühungen nicht. Sie scheitern an der »correctness« der Engländer, die es satzungsgemäß mit der Reichskirche nicht verderben wollen.

## 15. März 1939

Einmarsch in die Tschechoslowakei erfolgt nun doch, das Potential für einen Putsch steht bereits nicht mehr zur Verfügung.

## 4. April 1939

Friedrich Werner veröffentlicht die Godesberger Erklärung, in der er die Nazis zu Fortführern Luthers erklärt. Ökumene, katholisch oder protestantisch, wird als Entartung des Christentums hingestellt, das im Gegensatz zum Judentum stehe.

BONHOEFFER: Damit erklären sich die DC immer mehr zur Reichskirche und bestellen diejenigen illegalen Pfarramtskandidaten, die sich den Konsistorien zur Verfügung stellen wollen, zu Nachprüfungen, was deren Unmut hervorruft.

## 20. April 1939

Jubelfeiern zu Hitlers 50. Geburtstag.

## 9. Mai 1939

KLEPPER: Ausreise der älteren Stieftochter Brigitte nach England. Die jüdische Gemeinde in Berlin sowie das Emigrantenhilfswerk in London, das Bischof Bell fördert, sind behilflich. Die jüngere Stieftochter Renate war gerade krank und wollte bei den Eltern bleiben.

## 22. Mai 1939

KLEPPER: Umzug in das zweite neu gebaute Haus nach Nikolassee, Teutonenstraße 23.

BONHOEFFER: B. erhält Aufforderung zur Musterung. Sein Vater bewirkt eine Beurlaubung für ein Amerikajahr. Es gelingt ihm, auch den Bruderrat der BK dafür zu gewinnen.

## 2. Juni 1939

BONHOEFFER: Reise nach Amerika. Die Aufgabe im Sammelvikariat sowie die kirchliche Entwicklung machen B. große Sorge, so dass er die Reise immer wieder anfragt. In Amerika versteht man die Reise als Emigration und sieht ihn z.B. für eine Arbeit unter Flüchtlingen vor, was er wegen einer Möglichkeit zur Rückkehr nach Deutschland ablehnt. Heimweh, da abgeschnitten von Informationen; bereits am 20. Juni Entscheidung zur Rückkehr. Freund Paul Lehmann versucht ihn durch Verpflichtungen in Amerika zu halten und das Leben zu retten.

## 7./8. Juli 1939

»Reichsvereinigung der Juden in Dtl.« wird mit dem Zweck gegründet, um Auswanderung der Juden zu fördern.

BONHOEFFER. In der Nacht besteigt B. mit seinem Bruder das Schiff zur Rückreise. In England besucht er seine Schwester und erfährt dort vom Märtyrertod Paul Schneiders am 18. Juli.

## 27. Juli 1939

BONHOEFFER: Ankunft in Berlin.

## 1. September 1939

Beginn des Zweiten Weltkrieges; Hitler hat inzwischen auch kritische Stimmen der Generäle durch Eid binden und von seiner Blitzkriegsidee überzeugen können.

KLEPPER: Zum Krieg hat der Idealist K. ein gespaltenes Verhältnis, ihm ist es unmöglich, Zivilist zu bleiben. Er glaubt, als Soldat ein Opfer für die entrechteten Juden und sein Monarchie-Ideal bringen zu können. Darum missbilligt er die Bemühungen einiger, dem Kriegsdienst zu entgehen. Kritisiert, dass die Kirchen nicht für den Führer beten; vermisst an den polemischen Predigten der BK die Liebe. Am Polenfeldzug bewundert er die Wiedereroberung des deutschen Ostens und die Zusammenführung der Jugend im Dienst am Vaterland. Er meint, das Dritte Reich habe eine Mission: die Einigung Europas. Dann kommen ihm Bedenken: ausgerechnet unter einem Christushasser?

BONHOEFFER: Ist der Überzeugung, dass der Kriegsbeginn der Anfang vom Ende Hitlers sei. Versucht dem Heeresdienst dadurch zu entgehen, dass er sich als Militärseelsorger meldet, was abschlägig beschieden wird. Die BK erleidet große Verluste dadurch, dass die jungen Pfarrer zum Kriegsdienst eingezogen werden und in den meisten Fällen sofort fallen. B. zieht sich von der Ökumene zurück, die meint, Hitler zum Frieden bewegen zu können, und ist der Meinung, Hitler müsse beseitigt werden.

## 3. September 1939

Großbritannien und Frankreich erklären dem Deutschen Reich den Krieg.

## 12. September 1939

KLEPPER: TB: »In all den gerechtfertigten und schweren Sorgen dieser Wochen darf die Frage an die Zukunft nie lauten: Was soll mir genommen werden?, sondern es darf nur gefragt werden: Was will Gott mir mit diesem Strafgericht und dieser Prüfung geben? Denn er kann nicht zerstören, wie die Welt zerstört.«

## 27. September 1939

Kapitulation Warschaus; Hitlergegner wollen ihn vor Angriffen auf Holland und Belgien stoppen.

## Advent 1939

KLEPPER: Studentengruppe singt im Hause K.s u.a. dessen Adventslieder, was ihn sehr bewegt.

## 4. April 1940

KLEPPER: K. wird zum Einsatz bei der Polizei gemustert, entzieht sich diesem aber, weil er es für ehrenvoller hält, im Heer zu dienen.

## 9. Juni 1940

Italien an der Seite Deutschlands.

KLEPPER: Taufe der Tochter Renate.

## 17. Juni 1940

Kapitulation Frankreichs.

BONHOEFFER: Als B. die Nachricht in einem Café in Memel erreicht und die Leute spontan aufstehen und den Hitlergruß zeigen, schließt sich B. nicht aus, denn von nun an gehe es um mehr, als daran erkannt zu werden, meint er zu seinem Freund. Fortsetzung des konspirativen Engagements (Seinen Einfluss nutzt B. dazu, für Männer der BK Bescheinigungen der Unabkömmlichkeit zum Kriegsdienst zu beschaffen, was ihm in der Anklage später belastete).

## 14. Juli 1940

BONHOEFFER: Die Gestapo löst ein kirchl. Zusammensein bei B.s zweiter Ostpreußenvisitation auf. Für B. ist das Anlass, sich von der Abwehr für den grenznahen Bereich »einsetzen« zu lassen. Bei der dritten Reise nach Königsberg meldet er sich beim Offizier der Abwehr, um diese Meldung als Alibi für seine kirchliche Tätigkeit zu verwenden.

## August 1940

Stalin besetzt das Baltikum.

## 1940

Hitler bemüht sich, die Konflikte zwischen Partei, Staat und Kirche nicht zu verschärfen, dennoch kam es zu Repressalien.

KLEPPER: Seine Kritik an der BK wird umso größer, als er von ihr um ein Gedicht für »Kampflieder« gebeten wird.

BONHOEFFER: Neuer von insges. vier Ansätzen zur »Ethik«: 1. Christus selbst eröffnet uns Menschen Freiheit. 2. Daraus ergeben sich Verantwortlichkeiten für weltliches Handeln. 3. Menschliche Wirklichkeit wird Vorletztes bleiben, das der Vollkommenheit des Letzten bedarf (Gott gibt, bevor er fordert). 4. In Christus sein heißt, an der Welt teilhaben. Es geht nicht darum, ein Übermensch zu werden, sondern für andere da zu sein.

## 4. September 1940

Luftkrieg um England wird abgebrochen.

BONHOEFFER: Predigtverbot (= Reichsredeverbot) und Meldepflicht am Wohnort Schlawe, wogegen B. schriftlich protestiert.

## 17. Oktober 1940

KLEPPER: TB: »Ich will Soldat sein!«

**November 1940**

BONHOEFFER: Die Abwehr löst das Problem, indem sie ihn der Münchner Dienststelle angliedert, wo er sich vorzustellen hat.

**3. Dezember 1940**

KLEPPER: Einzug zum Heer. Bald nach der Grundausbildung bekommt er einen Sonderstatus. Einladungen zu Lesungen aus seinem Roman »Der Vater« zu Offizieren empfindet er als große Ehre.

**14. Januar 1941**

BONHOEFFER: Wird als Kontaktmann zum Ausland durch Canaris bei der Abwehr eingestellt und in München stationiert. Nachdem er eine Münchner Adresse angeben konnte (wohnen soll er im kath. Kloster Ettal), erlangt er dort für die Arbeit bei der Abwehr Unabkömmlichkeits-Status. Ende Januar wird die Meldepflicht aufgehoben. B. erhält von der Abwehr keinen Sold, vom Bruderrat, der ihn von der theol. Arbeit freistellt, nur einen Teil der Bezüge.

**24. Februar 1941**

BONHOEFFER: Erste Schweizreise für die Abwehr. Die Chancen für neue Konspiration scheinen günstig, um Fäden zu knüpfen. B. ging es vor allem darum, bei der ökumenischen Zentrale in Genf und den Regierungen die Gewissheit zu hinterlassen, dass es in Deutschland Menschen gäbe, die am Umsturz und dem Danach arbeiteten.

**März 1941**

Hitler spricht sich für einen rassenideologischen Vernichtungsfeldzug im Osten aus.

BONHOEFFER: Verhängung eines Schreibverbots.

**Mai 1941**

Verhaftung des Prüfungsausschusses der BK.

BONHOEFFER: Protest gegen die kirchenfeindlichen Maßnahmen; er erwartet, dass diese im Krieg eingestellt werden. Versuch über Gürtner an Kerrl heranzukommen, um Pfarrer vor dem Kriegsdienst zu bewahren, aber Gürtners Tod verhindert das. Von den 300 jungen rheinischen Brüdern kommen 250 in Feld um; von 150 Finkenwaldern fallen 80.

### Pfingsten 1941:

Öffentlicher Vortrag »NT u. Mythologie« von Rudolf Bultmann.

BONHOEFFER: B. empfiehlt dessen Veröffentlichung später als das Wichtigste der neuen theologischen Buchproduktion.

### Juni 1941

Hitler setzt sich im März mit dem Kommissarsbefehl (russische Funktionäre sind von der Wehrmacht sofort zu töten) für den Russlandfeldzug durch und verkündet diesen. Einmarsch in die Sowjetunion. Hitler bezieht die Wolfsschanze in Ostpreußen.

BONHOEFFER: B. und seine Freunde hoffen, die Wehrmachtsbefehlshaber würden sich dem widersetzen und eine günstige Möglichkeit für ein Attentat schaffen. Dadurch wird es schwerer, an Hitler heranzukommen. B. versucht dennoch Optimismus zu verbreiten.

### Herbst 1941

Oppositionsgruppen vertrauen sich Ludwig Beck (OKW) an und akzeptieren dessen Leitung. Offiziere der Ostfront signalisieren Bereitschaft zur Mitarbeit. Die Kirche ist zu sehr mit sich selbst beschäftigt.

BONHOEFFER: Zweite Schweizreise für die Abwehr. B. sollte Gesprächspartner für den Vorschlag finden, die Kampfhandlungen der Alliierten einzustellen, sobald Hitler vernichtet sei. Da für solche Ideen keine faktischen Beweise vorlagen, gaben die Engländer wenig darauf. Dennoch fuhr B. optimistisch am 26. September nach Deutschland zurück.

### 1. September 1941

Von diesem Tag an müssen alle in Deutschland lebenden Juden einen gelben Davids-Stern auf der Kleidung tragen, ab Oktober müssen sie in »Judenhäuser« übersiedeln.

BONHOEFFER: Die Praktiken werden von B. dokumentiert und an die Abwehr in der Hoffnung weitergegeben, dass der Umsturz mit größerer Intensität vorangetrieben wird. B. gelingt es, mit dem »Unternehmen 7«, das fast ein Jahr dauert, unter riesigem Aufwand schließlich 14 deutsche Juden als Abwehragenten getarnt in die Schweiz zu bringen, was dort für Irritationen sorgt u. später bei der Verhaftung der Abwehr Folgen hat.

## 22. September 1941

KLEPPER: Während sich seine Kameraden mitten im Feldzug befinden, wird K. wegen Wehrunwürdigkeit (Ehe mit einer Jüdin) entlassen und empfindet das als schwere Demütigung. Am 8. Oktober trifft er zu Hause ein.

## 23. Oktober 1941

KLEPPER: Als Autor des Romans »Der Vaters« sucht K. Innenminister Frick persönlich auf, um Tochter Renates Ausreise zu bewirken.

## 16. November 1941

Verschärfung der Lebenssituation für alle Einwohner, die für Juden unerträglich wird.

KLEPPER: TB: »Wird einmal eine Zeit kommen, in der man in seinem Tagebuch dies alles als eine Geschichte der wunderbaren göttlichen Führung wieder liest? Dazu führe ich Tagebuch!«

## 17. November 1941

KLEPPER: Im TB deutet K. an, dass sie sich, wenn eine Deportation unabwendbar sei, alle drei mit Gas das Leben nehmen würden. Während der Soldatenzeit konnte K. keine Lieder mehr dichten, auch danach gelingt es ihm nicht mehr (TB 14.12., 6.1.42)

## 19. Dezember 1941

Hitler entlässt von Brauchitsch und setzt sich selbst zum Oberbefehlshaber des Heeres ein; zu dem Zeitpunkt war von Brauchitsch gerade von den Widerständlern zum Putsch gewonnen worden.

## 10. Januar 1942

KLEPPER: Ausreisebemühungen um Renate, TB: »Alles dies ist nicht der Weg, der Weg Gottes mit uns vor den Menschen.« Außerdem berichtet er, dass er trotz Schlafmitteln nicht zur Ruhe kommt und unter heftiger Migräne leidet.

## 11. Januar 1942

KLEPPER: Mit Ilse Jonas spricht er anlässlich ihres Besuches auch über Selbstmord. Dennoch Beschluss, ins Riesengebirge zu reisen.

## 20. Januar 1942

Wannseekonferenz beschließt »Endlösung der Judenfrage«.

KLEPPER: Aufenthalt mit seiner Frau im Riesengebirge zur Erholung.

## 4. Februar 1942

KLEPPER: TB: »Bei Todesfällen müssen Juden anderthalb Wochen auf Bestattung warten. Überlastung wegen der zahlreichen Selbstmorde, von denen durch die Isolation das Volk nichts erfährt.«

## 5. März 1942

KLEPPER: Renates 20. Geburtstag.

## 12. März 1942

KLEPPER: Auf die Nachricht von der Verhaftung seiner ehemaligen Kommilitonin Staritz in Marburg, die als Jüdin bereits in Schlesien aus dem kirchlichen Dienst verwiesen wurde, schreibt K.: »Dies ist nicht Gottes Weg, uns zu Bekennern und Märtyrern zu machen.«

## Anfang 1942

Kirchen heben Mitgliedschaft der getauften Juden auf.

KLEPPER: Leben für Juden wird fast unmöglich: besondere Steuern, Einkauf nur eine Stunde am Tag, keine Verkehrsmittel dürfen benutzt werden, von Theater oder Schwimmbad ganz zu schweigen, Stern an der Kleidung; drohende Zwangsverpflichtungen und Deportationen, von denen keiner weiß, wohin.

BONHOEFFER: BK erbittet von B. Taufgutachten, da sie zunehmend Kritik an der Taufpraxis der Volkskirche nimmt.

## 10. April 1942

BONHOEFFER: Reise als Emissär (zusammen mit H. v. Moltke) nach Norwegen, um Freilassung des norwegischen Erzbischofs Berggravs aus dem Gefängnis zu bewirken. Strafe wird daraufhin in Hausarrest verwandelt. Für wie gefährlich B. seine Mission bei der Abwehr hält, wird daran deutlich, dass er sein Testament schreibt und die Verlobung mit M. v. Wedemeyer anstrebt.

## 12. April 1942

KLEPPER: TB: K. ist beeindruckt, dass nicht nur Studenten, sondern einfache Jugendliche ihn als den Dichter des »Kyrie« zu einer Bibelrüste ins Pfarrhaus nach Nikolassee bitten.

BONHOEFFER: Dritte Schweizreise. Koordinierung der oppositionellen Gruppen gelingt aus Geheimhaltungsgründen nur schwer.

## 11. Mai 1942

Gas wird zur Massenvernichtung im KZ-Auschwitz eingesetzt.

KLEPPER: TB: «Man staunt, dass man noch lebt. Angst...«

## 30. Mai 1942

Briten fliegen einen 1000 Bomber-Angriff auf Köln.

KLEPPER: TB: Um einer Zwangsarbeitsverpflichtung zu entgehen, lässt sich K. vom Dietrich-Reimer-Verlag pro forma ab 20.7. anstellen. Es genügt ihm, dass er aus diesem Büro einen Zipfel des historischen Gebäudes erblickt und weiß: Das hat der König gesehen!

BONHOEFFER: Reise nach Stockholm mit Kurierausweis des Auswärtigen Amtes, in Schönfeld kommt ein zweiter Kurier nach Schweden zu Bischof Bell, der sich dort aufhält. B. kann Mission erfüllen und Bell die Namen der Verschwörer nennen, zugleich macht dieser kein Hehl daraus, dass er auf die englische Regierung kaum Einfluss hat.

## 26. Juni 1942

In der Sowjetunion beginnt große deutsche Sommeroffensive.

BONHOEFFER: B. begleitet von Dohnanyi nach Italien. Aber neue Erfolge Hitlers erschwerten es, die Militärs für einen Umsturz zu gewinnen.

## August 1942

Roland Feisler wird Präsident des Volksgerichtshofes.

KLEPPER: K. berichtet von Deportationen und Zwangstrennungen. Verzweifelte Arbeit an der Übersiedlung Renates nach Schweden.

BONHOEFFER: Hans v. Wedemeyer, Marias Vater, fällt als Offizier an der Ostfront; B. schreibt dessen Frau, seiner Schwiegermutter in spe, einen Beileidsbrief.

## 16. September 1942

KLEPPER: Selbstmordgedanken bestimmen K. Er kommt zu dem Schluss, Selbsttötung sei eine vergebbare Sünde ...

## Oktober 1942

BONHOEFFER: Erste Entwürfe für eine Neugestaltung der Kirche nach einem Attentat an Hitler über Austausch von Amtsträgern bis hin zur ersten Kanzelabkündigung.

## 15.–31. Oktober 1942

KLEPPER: Reise mit Hanni nach Würzburg, Nürnberg, Augsburg.

## 2. November 1942

KLEPPER: Hannis 52. Geburtstag.

## 24. November 1942

6. Deutsche Armee wird in Stalingrad eingeschlossen.

KLEPPER: Das Angebot, für den »Eckart« zu schreiben, lehnt K. wegen »Lähmung« ab.

BONHOEFFER: B. sucht Maria v. Wedemeyers Mutter in Pätzig auf und hält um die Hand der 18-jährigen Tochter an. Frau v. W. erbittet einjährige Trennung der Liebenden.

## 1. Dezember 1942

KLEPPER: TB-Eintrag anlässlich einer Musterung für Männer in Mischehen: »In meiner Soldatenzeit dennoch einen Sinn suchen zu wollen, hüte ich mich. Ich tue es nirgends mehr. Dies alles ist nun wirklich Gott übergeben, fern von allem Fatalismus.«

## 8. Dezember 1942

KLEPPER: Ruf zu Innenminister Frick, den er 1941 um die Emigrationserlaubnis für Renate gebeten hatte. Diesem wurden vom Sicherheitsdienst weitgehend die Vollmachten zur Erteilung von Ausreisegenehmigungen für Juden entzogen, versucht es aber bei der schwedischen Botschaft nun auch für Hanni.

## 9. Dezember 1942

KLEPPER: Hanni stellt Antrag in der Schwedischen Botschaft. K. versucht bei Eichmann persönlich Renates Ausreise zu beantragen. Dieser macht Hoffnung, Antwort am nächsten Tag.

## 10./11. Dezember 1942

KLEPPER: Endgültige Ablehnung. Letzte TB-Aufzeichnung, 10.12.: »Nachmittags die Verhandlung im Sicherheitsdienst. Wir sterben nun – ach, auch das steht bei Gott. Wir gehen heute Nacht gemeinsam in den Tod. Über uns steht in den letzten Stunden das Bild des segnenden Christus, der um uns ringt. In dessen Anblick endet unser Leben.« Alle drei sterben durch Gas. Jochen Klepper wurde 39 Jahre alt.

## 12. Dezember 1942

BONHOEFFER: Gemeinsame Reise mit Oskar Hammelsbeck nach Halle.

## Weihnachten 1942

BONHOEFFER: Abhandlung »nach zehn Jahren«, versendet sie an einige Freunde.

## 1942/43

Beobachtung der Abwehr durch Gestapo erfolgreiche milit. Gegenoffensiven in Afrika und um Stalingrad.

## 17. Januar 1943

BONHOEFFER: Verlobung mit Maria v. Wedemeyer, Versprechen, mit Bekanntgabe an Eltern, und Heirat zu warten. Nach der Verhaftung bittet Frau v. Wedemeyer ihn um Entschuldigung für ihr Zögern.

## 31. Januar 1943

Überlebende von Stalingrad kommen in Gefangenschaft. Deutschland fassungslos; die Aktivitäten der Weißen Rose enden mit einem Schauprozess.

## Frühjahr 1943

Aufstand im Warschauer Ghetto.

BONHOEFFER: Mitarbeit an Überlegungen zum 5. Gebot aus Anlass der Judendeportationen.

## 10. März 1943

Bischof Bell gelingt es nach vielen Verschiebungen anschließend an ein Wort Stalins, dass zwischen Hitler und dem deutschen Volk zu unterscheiden sei, eine Anfrage im britischen Unterhaus zu stellen und die Antwort zu bekommen, dass Hitler zu vernichten sei, nicht aber das Volk. Damit will er die deutsche Opposition offiziell ermutigen.

## 13. März 1943

Attentatsversuch auf Hitler (Flugzeugbombe).

BONHOEFFER: B. und Freunde warten in Berlin auf Nachricht vom Absturz und leiten alles in die Wege, aber die Bombe zündet nicht.

## 21. März 1943

Major von Gersdorf ist bereit, Bomben am Leib zu tragen und bei einem Besuch Hitlers zu zünden. Dieser bricht Besuch vorzeitig ab, ohne dass es eine Gelegenheit gibt, in seine Nähe zu kommen.

## 31. März 1943

75. Geburtstag Karl Bonhoeffers, Hitler lässt ihm eine Medaille überreichen.

BONHOEFFER: Wegen Unregelmäßigkeiten im Zusammenhang der Devisenbeschaffung für das »U 7« wird Münchner Abwehr beobachtet und verhört. Geheimhaltung muss für eine Untersuchung der Gestapo aufgehoben werden. Weiteres Verdachtsmoment ist die UK-Stellung der Mitarbeiter, u.a. von B. (UK = unabkömmlich). Noch einmal verwendet sich Oster für ihn.

## 5. April 1943

Versuch der Gestapo, Abwehr zu treffen; Verhaftung v. Dohnanyis und vieler Beteiligter ohne Wissen, was sie damit zerschlägt.

BONHOEFFER: Verhaftung und Einlieferung in Tegel.

## 19. April 1943

BONHOEFFER: Gegenüberstellung mit v. Dohnanyi, der in der Lehrter Straße (Gefängnis für Offiziere) einsitzt. Dieser versucht, alle Schuld auf sich zu nehmen, um von Vorgesetzten abzulenken. Es gelingt, den Vorwürfen den politischen Charakter zu nehmen und auf Kleinigkeiten der Verwaltung zu reduzieren. Durch Verhandlungsführung und Krankheit Dohnanyis will man die Sache versanden lassen. Konspirative Wege des Transports von Nachrichten werden gefunden (Wärter sowie Gefängnispfarrer Harald Poelchau).

## April-Juni 1943

Heinrich Himmler, Reichskommissar für die Festigung des deutschen Volkstums befiehlt die Liquidierung aller polnischen und russ. Ghettos.

BONHOEFFER: Verhör durch Roeder und Anklageerhebung (Vorwurf des Hochvertrats wird fallengelassen). In Verhören gibt er sich kooperativ, aber nichtwissend, weil als Theologe mit militärischen Dingen nicht vertraut, was ihm weitgehend geglaubt wird. Es geht um: 1. seine Unabkömmlichkeit und die anderer 2. das »Unternehmen 7« 3. Reisen, die offenbar für die Abwehr nur vorgetäuscht waren. Sein Beitrag an der Verschwörung wird nicht aufgedeckt. Neben Briefen und theol. Schriften arbeitet er (wohl ab Ende Mai) an einem Drama und beginnt einen Roman zu schreiben. Beides mündet in Monologe, die eher in eine ethische Abhandlung passen.

### 24. Juni 1943

Großer Luftangriff auf Hamburg.

BONHOEFFER: Maria v. W. darf ihn zum ersten Mal im Gefängnis besuchen.

### 30. Juli 1943

BONHOEFFER: Maria v. W. erhält ersten direkten Brief von B. aus der Zelle. B. vertieft sich in theologische, philosophische und literarische Werke.

### 16. September 1943

BONHOEFFER: Wahlverteidiger Dr. Wergin wird zugelassen. Die Pfarrer Dannenbaum und Poelchau dürfen ihn besuchen.

### 25. September 1943

BONHOEFFER: Erster regulärer Haftbefehl, Anklage wegen Wehrkraftzersetzung

### 21. Februar 1944

BONHOEFFER: Einem Passus des Briefs von diesem Tage ist der Titel der späteren Veröffentlichung der Haft-Briefe »Widerstand und Ergebung« entnommen.

### 30. April 1944

Dt. Truppen besetzen Ungarn.

BONHOEFFER: In einem Brief schreibt B., sich wieder schaffensfreudiger zu fühlen und beginnt neue theol. Arbeit, Thema: »Wer ist Christus für uns heute?«

### 30. Juni 1944

Großoffensive der Roten Armee gegen Dt. Heeresgruppe Mitte.

BONHOEFFER: General von Hase, Onkel von B., damals Stadtkommandant von Berlin, besucht ihn voller Optimismus über eine baldige Entlassung. B. willigt in Taktik »des Versandens« ein, arbeitet theologisch, bereitet Fluchtplan vor.

### 20. Juli 1944

Anschlag auf Hitler gelingt, doch dieser bleibt nahezu unverletzt. V. Dohnanyi gerät in Hände der Gestapo, wegen des Fundes der Zossener Akten (Auflistung von Gräueltaten).

BONHOEFFER: Haftentlassung kann nicht mehr erwartet werden. Ausarbeitung eines Fluchtplans. Bewacher nimmt Verbindung zur Familie auf. Plan wird im Oktober fallen gelassen, als Familienmitglieder sichtbar überwacht und gefangen genommen werden.

### 23. August 1944

US-Truppen vor Paris.

BONHOEFFER: Bethge erhält letzten Brief B.s, auch »Entwurf einer Arbeit«, echter Entwurf ging verloren.

### etwa 20. September 1944

Die durch Sonderegger gefundenen Zossener Akten verzögern die schnelle Liquidierung der kleinen Gruppe. Hitler will bereits seit 1938 gärende Verschwörung aufklären.

BONHOEFFER: Gedicht »Der Tod des Mose«.

### 8. Oktober 1944

Gewährsleute wie Sack, Perels, Canaris, Oster, Klaus B., Rüdiger Schleicher, sowie B.s Freund Eberhard Bethge werden verhaftet. Kurz zuvor vernichtet Bethge einige Briefe Bonhoeffers.

BONHOEFFER: Verlegung in den Haftkeller der Prinz-Albrecht-Straße, Gefängnis des Reichssicherheitsamtes. Maria darf er nie wieder sehen. Bisher gehegte Hoffnung auf Überlistung schwindet.

### 19. Dezember 1944

Fritz Straßmann und Otto Hahn erhalten für die Entdeckung der Atomkernspaltung Physik-Nobelpreis.

BONHOEFFER: Letzter Brief an Maria. Einem Brief vom 28.12., dem Geburtstagsbrief an seine Mutter, legt er das Gedicht »Von guten Mächten ...« bei.

### 17. Januar 1945

Rote Armee beginnt eine Großoffensive gegen die deutsche Ostfront.

BONHOEFFER: Letzter Brief B.s über Kommissar Sonderegger.

### 7. Februar 1945

BONHOEFFER: Bomben hatten am 3. Februar die Prinz-Albrecht-Straße so stark zerstört, dass mit B. 20 Häftlinge auf Transport nach Buchenwald bzw. Flossenbürg gehen müssen. Erst eine Woche später erfahren seine Eltern davon.

### Februar 1945

Luftangriffe zerstören Dresden. Die Alliierten nehmen Köln ein.

BONHOEFFER: Marias Elternhaus in Pätzig geht verloren, v. Dohnanyi wird in den Keller verlegt und infiziert sich selbst, R. Schleicher und Klaus B. hingerichtet. B.s Aufenthalt wird für die Familie unauffindbar, Maria reist mit einem Koffer warmer Wäsche bis nach Süddeutschland, (Dachau und Flossenbürg) ohne etwas über B. zu erfahren.

### 3. April 1945

BONHOEFFER: B. wird mit einigen Häftlingen wegen Herannahen der Front von Buchenwald statt nach Flossenbürg nach Schönberg (40 km von Passau) transportiert.

## 5. April 1945

Vor dem Volksgerichtshof: B. scheint für so wichtig gehalten worden zu sein, dass Hitler in der Führererbesprechung persönlich die Hinrichtung anordnet.

## 9. April 1945

BONHOEFFER: Dietrich Bonhoeffer wird gegen 6 Uhr gehängt. Er wurde 39 Jahre alt.

## 27. Juni 1945

Bischof Bell hält mit Freunden einen Gedenkgottesdienst für B. in London, der von der BBC übertragen wird, was insofern ungewöhnich ist, weil er für einen Deutschen gehalten wird.

# Verwendete Literatur

## Zu Dietrich Bonhoeffer

Bethge, Eberhard: Dietrich Bonhoeffer. Chr. Kaiser Verlag, München 1970.

von Bismarck, Ruth-Alice; Rabitz, Ulrich: Brautbriefe Zelle 92. Beck, München 1999.

Bonhoeffer, Dietrich: Gesammelte Schriften (mehrbd. Ausgabe). Chr. Kaiser Verlag, München 1961, Widerstand und Ergebung. Ev. Verlagsanstalt, Berlin 1961.

Dramm, Sabine: Dietrich Bonhoeffer. Eine Einführung in sein Denken. Gütersloher Verl.-Haus, Gütersloh 2001.

Feil, Ernst: Die Theologie Dietrich Bonhoeffers. Chr. Kaiser Verlag, München 1971.

Gailus, Manfred: Protestantismus und Nationalsozialismus. Böhlau, Köln 2001.

Hammelsbeck, Oskar: Mit Bonhoeffer im Gespräch. In: Zimmermann, Wolf-Dieter (Hrsg.): Begegnungen mit Dietrich Bonhoeffer. Chr. Kaiser Verlag, München 1964, 159-168.

Poelchau, Harald: Die Ordnung der Bedrängten. Siebenstern, München 1965.

Wind, Renate: Dem Rad in die Speichen fallen. Beltz & Gelberg, Weinheim 1995.

## Zu Jochen Klepper

Block, Detlev: Daß ich ihn leidend lobe. Johannis, Lahr 1992.

Grosch, Heinz: Nach Jochen Klepper fragen. Steinkopf, Stuttgart 1982.

Ihlenfeld, Kurt: Das wirkende Wort. Lahr 1994.

Jonas, Ilse: Jochen Klepper Dichter und Zeuge, Evangelische Verlagsanstalt, Berlin 1966.

Klepper, Jochen: Kyrie. Luther-Verlag, Bielefeld 1992.

Klepper, Jochen: Unter dem Schatten deiner Flügel. Union Verlag, Berlin 1970. (gelegentlich werden in der Literatur weitere Tagebuchaufzeichnungen nach Manuskriptvorlage zitiert, die sich neben anderen Typoskripten Kleppers im Deutschen Literaturarchiv Marbach [DLAM] befinden)

Klepper, Jochen: Ziel der Zeit. Luther-Verlag, Bielefeld 1993.

Kohler, Oliver: Wir werden sein wie die Träumenden. Neukirchner Verl.-Haus, Neukirchen-Vluyn 2003. (mit Beiträgen von Brigitte Molnar, Chaim Noll, Notger Slenczka, Karin Struck, Ulrich Wilckens)

Mehlhausen, Joachim: Jochen Klepper – eine Gedenkrede und Anmerkungen zum Forschungsstand. In: Zeitschrift für Kirchengeschichte, 1993, Nr. 4, 358 ff.

Thalmann, Rita: Jochen Klepper. Chr. Kaiser Verlag, München 1978.

Wentorf, Rudolf: Jochen Klepper in Berlin. Lettner-Verlag, Berlin 1967.

Jochen Wagner
**Paul Schneider**
Zweifler – Christ – Märtyrer

114 Seiten | Paperback
12 x 19 cm
ISBN 978-3-374-07526-3
EUR 15,00 [D]
eISBN (PDF) 978-3-374-07527-0
EUR 14,99 [D]

Der christliche Glaube beschäftigt Paul Schneider sein Leben lang. Oft verbunden mit tiefen Zweifeln. In der Anfangszeit des Nationalsozialismus ringt er darum, ob und, wenn ja, wie viel Widerstand sein Glaube von ihm fordert. Dann wird der Zweifler zu einem mutigen Christen.

Paul ist Teil der Bekennenden Kirche, wird wegen seiner kritischen Äußerungen mehrfach verhaftet und kommt schließlich ins Konzentrationslager Buchenwald. Trotz massiver Misshandlungen lässt er sich nicht davon abhalten, seinen Mithäftlingen aus dem Fenster seiner Zelle Mut zuzusprechen und das Unrecht der SS-Leute anzuklagen.

Noch vor Ausbruch des Zweiten Weltkriegs wird Paul Schneider, »der Prediger von Buchenwald«, am 18. Juli 1939 mittels einer Giftinjektion im Konzentrationslager ermordet.

**EVANGELISCHE VERLAGSANSTALT**
Leipzig   www.eva-leipzig.de

Tel +49 (0) 341/ 7 11 41 -44     shop@eva-leipzig.de

Thea Hurst

**Das Tagebuch der Thea Gersten**

Flucht aus Leipzig, Warschau und London (1939–1947)

208 Seiten | Paperback
12,5 x 20,5 cm
ISBN 978-3-374-07459-4
EUR 19,80 [D]
eISBN (PDF) 978-3-374-07460-0
EUR 16,99 [D]

Das Tagebuch der Thea Gersten, der späteren Thea Hurst, eingebunden in den Gardinenstoff ihres Leipziger Kinderzimmers, liegt über sechs Jahrzehnte in Theas Nachttisch-Schublade. Erst nach langem Zögern lässt sie sich dazu überreden, ihre ganz persönlichen Aufzeichnungen aus den Jahren 1939–1947 für die Nachwelt freizugeben.

Sie verliert als Dreizehnjährige mit der Flucht aus Leipzig nahezu alles, was man außer dem Leben verlieren kann: ihre behütete Kindheit, ihren Vater, ihre Freunde, ihre Sprache und ihre kulturelle Verwurzelung. Auf der Suche nach Gott und voller Sehnsucht nach Sinn vertraut sie dem Tagebuch alle ihre Gefühle und Geheimnisse an, die sonst keiner wissen darf. Sie ist manchmal verzweifelt, aber sie kann nicht hassen. Es ist eine Geschichte für heute. Viele junge Menschen werden vertrieben aus ihrer Heimat. Die Botschaft dieses Tagebuches könnte ihnen helfen.

**EVANGELISCHE VERLAGSANSTALT**
**Leipzig** www.eva-leipzig.de

Tel +49 (0) 341/ 7 11 41 -44   shop@eva-leipzig.de

Siegfried Hermle
Harry Oelke (Hrsg.)
**Kirchliche
Zeitgeschichte_evangelisch**
Bände 1–4

*Christentum und Zeitgeschichte
(CuZ)*

1.024 Seiten | 12 x 19 cm
Paperback
ISBN 978-3-374-07262-0
EUR 75,00 [D]

Die Geschichte von Kirche und Christentum seit dem Ende des Ersten Weltkrieges rückt als Kirchliche Zeitgeschichte immer mehr in den Fokus des akademischen und öffentlichen Geschichtsinteresses. Die in vier Bänden konzipierte und von fachwissenschaftlichen Expertinnen und Experten anschaulich verfasste handbuchartige Gesamtdarstellung der Kirchlichen Zeitgeschichte bietet eine profunde historische Grundlage und eröffnet Perspektiven für das kirchenhistorische Verstehen des gesamten 20. Jahrhunderts. Die Gesamtdarstellung umfasst folgende vier Bände:

Band 1: Protestantismus und Weimarer Republik (1918–1932),

Band 2: Protestantismus und Nationalsozialismus (1933–1945),

Band 3: Protestantismus in der Nachkriegszeit (1945–1961),

Band 4: Protestantismus im Umbruch (1962–1992).

**EVANGELISCHE VERLAGSANSTALT
Leipzig** www.eva-leipzig.de

Tel +49 (0) 341/ 7 11 41 -44    shop@eva-leipzig.de

Siegfried Hermle
Thomas Martin Schneider
(Hrsg.)

**Protestantische Impulse**

Prägende Gestalten
in Deutschland nach 1945

*Christentum und Zeitgeschichte
(CuZ) | 8*

232 Seiten | Paperback
12 x 19 cm
ISBN 978-3-374-06889-0
EUR 20,00 [D]
eISBN (PDF) 978-3-374-06890-6
EUR 18,99 [D]

Der Protestantismus gehört in Deutschland zu den starken kulturprägenden Kräften. Der neue Band der bekannten Reihe »Christentum und Zeitgeschichte« stellt ausgewählte Persönlichkeiten vor, die durch ihr herausragendes Wirken in Politik, Gesellschaft, Kirche, Wirtschaft oder in Kunst und Kultur einer breiten Öffentlichkeit bekannt geworden sind. Nicht in gleichem Maße bekannt ist, dass sie dezidiert protestantisch verwurzelt waren und ihr gesellschaftliches Wirken bewusst im Zeichen einer evangelischen Prägung entfalteten. In der Summe bieten die vorgestellten 25 Persönlichkeiten in kritischer Würdigung einen faszinierenden Blick in die Vielfalt und Prägnanz protestantischer Prägekraft in der deutschen Gesellschaft zwischen Kriegsende und jüngster Vergangenheit.

**EVANGELISCHE VERLAGSANSTALT**
Leipzig  www.eva-leipzig.de